24H

Seoul

guide

Perfect trip for beginners & repeaters.

RAL SLICED
HAM
OCKS
2.49
lb.
beba
FANTA
Rufles
HERSHEYS SYRUP
FRESH MILK
SHAM
CORN FLAKES
MORTEN SALT
FRESH PLUSH
FROSTED FLAKES
QUAKAR OATS
TOMATO KETCHUP
nutela
7up
SKIPY
MARNITE
FRESHDENT

WE ♥ 서울

たっぷりの ♡ であふれるソウルへ

本書は2019年に発行した『Seoul guide 24H』をもとにした改訂版です。コロナ禍を経て、ソウルの街も大きく変わりました。本書も今のトレンドを反映して、新たなお店やスポットを140軒以上追加。時間ごとのベストな遊び方も大幅にアップデートしました。

　今回も基準にしたのは、「友だちにおすすめを聞かれたら？」「一緒に遊びに行くなら？」。ソウル旅行を計画している方はもちろん、すぐには予定がなくても、私たちが大好きなソウルを詰め込んだこの本を読んでワクワクした気持ちになっていただけたらうれしいです。

omo!

24H **Seoul** *guide* CONTENTS

Midday (11:00-14:00)

Morning (8:00-11:00)

本書をご利用になる前に

データの見方

☎＝電話番号　　🏠＝所在地

🕘＝営業時間　　レストランでは開店〜閉店時間（LOはラストオーダーの時間）、施設では最終入館・入場時間までを表示しています。なお記載よりも早い場合や遅い場合がありますのでご注意ください。

🔒＝休み　　原則として年末年始などを除いた定休日のみを表示しています。無休と表記があっても旧正月、秋夕などの連休は休みになる場合があるので訪問前に必ず確認を。

📍＝交通　　交通手段や拠点となる場所からの移動の所要時間を表示しています。

◎＝物件のインスタグラムアカウント

URL ＝ウェブアドレス

MAP P.000 A-0　　その物件の地図上での位置を表示しています。

★本書に掲載したデータは2023年8月現在のものです。本書出版後、内容が変更される場合がありますので、ご利用の際は必ず事前にご確認ください。

★ショップで紹介している商品は売り切れ、または価格が変更になる場合があります。また、料金・時間・定休日・メニューなどは変更になる場合がありますので、あらかじめご確認のうえ、お出かけください。

★本書に掲載された内容による損害等は弊社では補償しかねますので、あらかじめご了承ください。

안녕! 서울

まずはざっくりソウルを予習

韓国総人口の約5分の1が住む大都市・ソウル。面積は約605km²で東京23区とほぼ同じ。街の中央を流れる漢江で南北に分かれ、エリアごとに雰囲気や魅力が異なります。

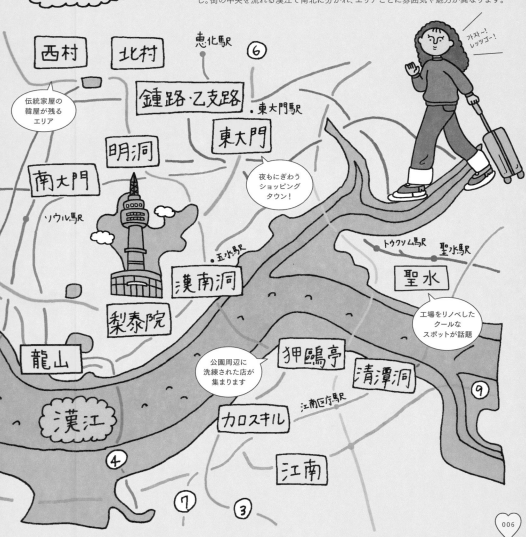

TRAVEL

恵化駅 ⑥

西村

北村

伝統家屋の韓屋が残るエリア

鍾路・乙支路

・東大門駅

東大門

明洞

南大門

ソウル駅

夜もにぎわうショッピングタウン！

・玉水駅

漢南洞

トゥクソム駅 聖水駅

聖水

梨泰院

工場をリノベしたクールなスポットが話題

龍山

狎鴎亭

清潭洞

公園周辺に洗練された店が集まります

江南区庁駅

⑨

漢江

カロスキル

④

江南

⑦ ③

ガスー！レッツゴー！

空港から中心地までどのくらい？

空港鉄道で仁川空港から明洞まで約60分、金浦空港からは約40分。直通列車なら仁川空港からソウル駅までたった の43分！

仁川なら約 **60**分、
金浦なら約 **40**分

レート

W**1000** ≒ **110**円

通貨はウォン（W）。2023年8月現在W1000は約110円。チップの習慣はありません。

物価の目安

ミネラルウォーター　W1000前後
コーヒー　W4500前後
タクシー初乗り　W4800
地下鉄　W1500 ※2023年10月〜

公用語
韓国語

日本からの観光客が多い明洞、東大門、弘大などには日本語で対応可能なスタッフが在籍するホテルが多数。カフェやバーではメニューに英語の表記がある場合も。

こんにちは
안녕하세요／アンニョンハセヨ

ありがとうございます
감사합니다／カムサハムニダ

すみません、ごめんなさい
죄송합니다／チェソンハムニダ

はい　　　　**いいえ**
네／ネ　　　아니요／アニヨ

大丈夫です
괜찮아요／ケンチャナヨ

いくらですか
얼마예요?／オルマエヨ

これください
이거 주세요／イゴ ジュセヨ

ベストシーズン
春〜秋
旧正月と秋夕に注意

四季は日本とほぼ同じですが、冬の寒さが厳しく−10℃を下回ることも。春は気候が穏やかで過ごしやすいですが、マスクなどでしっかりPM2.5対策を。旧正月と秋夕（旧盆）はほとんどのお店が休みになるので要注意です。いずれも日付は旧暦に基づくので毎年変動します。

時差
時差はなし！

フライト時間
日本→ソウル
約**2〜2.5**時間

拠点に便利なのは？
明洞・東大門・弘大

明洞や東大門は東西南北どこでもアクセスしやすい立地が魅力。人気の繁華街・弘大も空港とのアクセスが良く◎。ゲストハウスから高級ホテルまで価格帯も多様です。

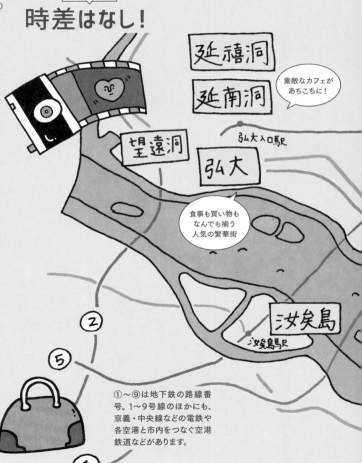

延禧洞
延南洞

素敵なカフェがあちこちに！

望遠洞
弘大入口駅
弘大

食事も買い物もなんでも揃う人気の繁華街

汝矣島
汝矣島駅

①〜⑨は地下鉄の路線番号。1〜9号線のほかにも、京義・中央線などの電鉄や各空港と市内をつなぐ空港鉄道などがあります。

3Days Perfect Planning

初日は午前にソウル着、帰国は夜便で。行きたいところ、やりたいこと、食べたいものを2泊3日に凝縮！

am	ソウルに到着！
12:00	とにかくカンジャンケジャンが食べた〜い！ →P.52
14:00	韓国茶のNew & Traditionalな楽しみ方 →P.72
15:00	ひんやり幸せ ピンス&ジェラート →P.86
16:00	夕方からが楽しいソスンラギル →P.92
17:00	コプチャンガチ勢の推し店舗案内 →P.118
18:00	ヒップな新堂洞&ソウル中央市場へ →P.120
20:00	チキン&ビール、チメッで乾杯！ →P.128
22:00	nyu・nyuで深夜のショッピング →P.150
23:00	3次会はコンビニで편맥（ピョンメッ） →P.152

Planning: **Day 1**

(12:00-23:00)

"グルメ や カフェ に
深夜 の ショッピング まで
初日 から フルパワー で 楽しむ"

ソウルに着いたら、まずはカンジャンケジャン。食後は韓国茶カフェに癒され、ひんやりジェラートで糖分補給を。夕方からは世界遺産の石垣沿いにのびるソスンラギルをお散歩しましょう。夕食に絶品ホルモンを食べたら、話題のエリアをチェック。さらに、チメッをはさんで深夜まで営業するビルでショッピングも満喫しましょう！

韓国の食材を生かしたフレーバーが味わえる「aga gelato 聖水」(P.87)。お店もとってもキュートです！

008

韓国産のお茶が揃う「tea cafe NEST」(P.47)は眺めも最高。併設のショップで茶葉の購入もできます

Planning:

Day 2 (9:00-15:00)

" ローカルタウンの
素敵なカフェにうっとり！
市場の賑わいも感じて "

雰囲気のいいカフェで目覚めのコーヒーを。広蔵市場では名物グルメや若いオーナーが手がける新名所を楽しんで。午後はローカルタウン・西村へ。同エリアの「アンドク」(P.47)はランチにおすすめです。散策後は香水や雑貨を買いに！

西村のカフェ「OUVERT SEOUL」(P.46)。印刷所をリノベーションした味のある建物が素敵です

西村 COFFEE BAR 2022

OUVERT COFFEE BAR

@OUVERT_SEOUL

138, Pirundae-ro,
Jongno-gu,
Seoul,
Republic of Korea

SAT-SUN
AM 10-PM10

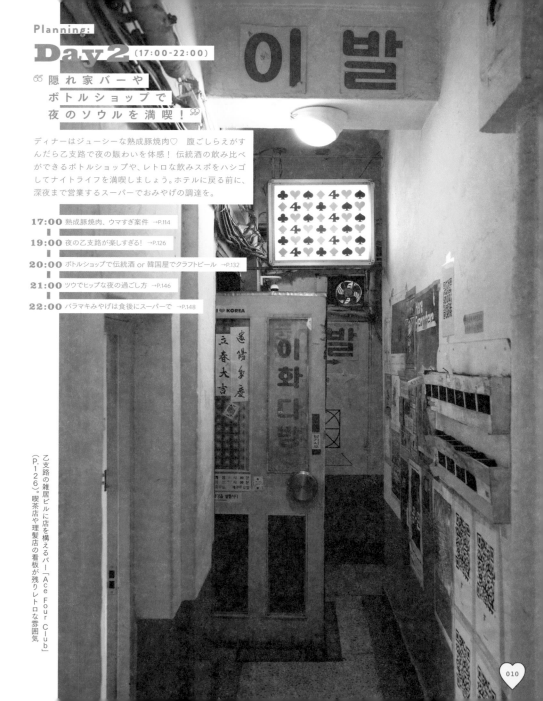

Planning:
Day 2 (17:00-22:00)

**❝ 隠れ家バーや
ボトルショップで
夜のソウルを満喫！❞**

ディナーはジューシーな熟成豚焼肉♡　腹ごしらえがすんだら乙支路で夜の賑わいを体感！伝統酒の飲み比べができるボトルショップや、レトロな飲みスポをハシゴしてナイトライフを満喫しましょう。ホテルに戻る前に、深夜まで営業するスーパーでおみやげの調達を。

17:00 熟成豚焼肉、ウマすぎ案件 →P.114
19:00 夜の乙支路が楽しすぎる！ →P.126
20:00 ボトルショップで伝統酒 or 韓国屋でクラフトビール →P.132
21:00 ツウでヒップな夜の過ごし方 →P.146
22:00 バラマキみやげは食後にスーパーで →P.148

乙支路の雑居ビルに店を構えるバー「Ace Four Club」（P.126）。喫茶店や理髪店の看板が残りレトロな雰囲気

8:00 ベーグルショップにオープンラン！ →P.14

10:30 次世代の百貨店THE HYUNDAIへ →P.28

12:00 冷麺マスターに俺はなる！ →P.50

14:00 本屋さんが大好きすぎる！ →P.74

15:00 龍山のマストスポットをチェック！ →P.78

16:00 沼すぎクリエイターズブランド →P.90

夜の便で帰国

日本ではなかなか味わえないユニークなベーグルが並ぶ「London Bagel Museum 安国店」(P.15)

「THE HYUNDAI SEOUL」(P.28)。人気のローカルブランドやカフェがたくさん入店しています

pixel per inch

Planning: **Day3** (8:00-16:00)

**" ベーグルカフェ、
雑貨店に本屋さん。
最終日も詰め込みます！"**

最終日は絶品ベーグルを求めて朝から行列。開店と同時に駆け込むならオープン30分前から待機を。食後はTHE HYUNDAI SEOULを見回って、大好きな平壌冷麺に舌鼓（これを食べなきゃ帰れない！）。午後はギリギリまで本屋さんやショップを巡って、後ろ髪を引かれつつ空港へ。

「pixel per inch」(P.78)。写真をテーマにしたセレクトショップで写真集やリトルプレスも充実

広蔵市場に隣接するビル
の屋上にあるカフェ「Pu
blic Garden」（P.25）。
ルーフトップが気持ち
い、隠れ家的なお店です

SEOUL THE BEST TIME

IN THE

Morning

08:00 - 11:00

せっかくの旅だから、朝から街に出てソウルを
感じたい！ そんな気持ちに応えてくれるスポ
ットをご紹介。眺望のよいカフェでプランを練
るのもよし、エネルギッシュな市場で過ごすの
もよし。楽しい一日の始まりです。

08:00

行列＆売り切れ必至！
ベーグルショップに
オープンラン！

韓国では2021年頃からベーグルの人気が急上昇。ここでは開店と同時に店に駆け込む"オープンラン"必至の人気店をご紹介します。早起きしてフカフカの焼きたてを味わって。

IN THE **Morning** (08:00-11:00)

聖水店は永登浦、漢南洞に続いて2022年10月にオープンした3号店。工場を改装した大型店で広々としています

KOKKIRI BAGEL 聖水
코끼리베이글 성수／コッキリ ベイグル ソンス

"ソウル3大ベーグル"に数えられる

2017年に永登浦で創業。イタリア産の石窯で焼き上げるベーグルは表面がパリッと香ばしく、中はふわふわもっちり。何度も食べたくなる味です。
(MAP)P.182 D-2 ☎02-498-0077 🏠城東区聖水2路26キル17 ⏰8:30〜21:00(LO20:30) 🈳無休 🚇地下鉄2号線聖水駅2番出口から徒歩5分［聖水］ 📷kokkiribagel

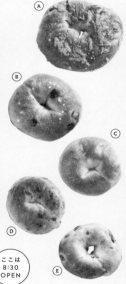

Ⓐ

Ⓑ

Ⓒ

Ⓓ

ここは
8:30
OPEN

Ⓔ

オーナーが2年かけて韓国で好まれるほどよい弾力のベーグルを開発ⒶホウレンソウW3500 ⒷソルティーチョコW3500 ⒸプレーンW2500 ⒹトリプルチーズW3500 ⒺオリーブチーズW3500

マリトッツォのようなクリームチーズ生クリームベーグルW5600

⭐ ⭐ ⭐ London Bagel Museumは人気カフェ Cafe Layered (P.39)のオーナーが手がけるお店。狎鴎亭にも支店があります

014

店内のキッチンで焼き上げるベーグルがどんどん店頭に運ばれてきます

Today's Soup!
1.Mushroom Truffle Soup
2.Tomato rosee Soup

Ⓐ Fig & walnut cream cheese

Ⓑ Raspberry homemade Jam And Cream cheese

Ⓒ Maple pecan And Cream cheese

Ⓓ Lemon curd And Cream cheese

クリームチーズをたっぷりはさんだBrick Lane W6800はハチミツをかけて。マッシュルームスープW1万2800ほか

スプレッド各W3800
Ⓐイチジク・クルミ＆クリームチーズⒷラズベリー＆クリームチーズⒸメープルピーカン＆クリームチーズⒹレモンカード＆クリームチーズ

Ⓔハムとバターを挟んだJambon butter W8500Ⓕ看板商品のネギ、ニラ、クリームチーズのベーグルSpring onion pretzel bagel W8500ⒼPretzel butter salt bagel W5900ⒽPotato Cheese bagel W5500ⒾシナモンロールのようなCinnamon peacan bagel W4700

店頭の機械に番号を登録

入店待ちの整理番号登録は7時半から開始。機械に連絡先の登録を

London Bagel Museum 安国店

런던베이글뮤지엄 안국점／
ロンドン ベイグル ミュジオム アングッチョム

韓国ベーグルブームの火付け役

ネギとニラをクリームチーズと合わせるなど韓国ならではの個性派ベーグルが味わえます。スープも絶品で朝カフェにぴったり。英国要素満載のインテリアも魅力です。

MAP P.177 B-1 ☎非公開 ⌂鍾路区北村路4キル20 ⏰8:00〜18:00 🔓無休 🚇地下鉄3号線安国駅3番出口から徒歩5分［北村］ⓞlondon.bagel.museum

7
8
9
10
11
12
13
14
15
16
17
18
19
20
21
22
23
0
1

Best time! 08:00

出来立てが並ぶソウル最古のベーカリー

朝食パンに
太極堂（テグッタン）のレトロパン

おすすめパン＆お菓子はコレ！

商品は毎日店内で作られます。焼き菓子はおみやげにおすすめ！

おみやげに

レモンが香る軽い口当たりのプチケーキ。ハニーシトロンW2100

サブレはバターのコクが◎。品名のへバラギはヒマワリの意。W2100

サクサクのクッキーも種類豊富です。ピーナッツクッキーW7900

イートインに

ふわふわコッペパンでクリームをサンド。生クリームパンW3200

カステラ、リンゴジャムをミニ食パンで包んだオランダW3300

柔らかプチ食パンにバタークリームを挟んだバターパンW3100

おやつタイムに

柔らかいカステラの上にバタークリーム。ノランモンブランW2800

もち米粉餡ドーナツW2300。もちもち生地の中に甘さ控えめの餡が

きなことクリームたっぷり。インジョルミシュークリームパンW3800

本店ならではのディテールがたまらない！

無料のステッカーや歴史を感じるインテリアにキュンキュン！

歴史を感じるエッセンス

70周年の記念グッズ

スタッフのユニフォーム

アイスモナカも有名です

1 Ⓐ袋もキュートⒷⒸ創業70年記念に配布されたステッカー＆ハガキⒹ2022年にはadidasとのコラボシューズも発売されました 2 背中にブランドキャラクターのパンアジョシが！ 3 レジ横には創業者の経営精神が宿る「納税で国力を育てよう。会計は正確に」という標語が。壁画は改装前のまま 4 太極堂モナカW2500

☆ ☆ ☆ 太極堂はTHE HYUNDAI SEOUL (P.28)地下1階にも支店があり、パンやアイスモナカが楽しめます

100種を超える
パンがずらり！

9

8

7

6

5 シャンデリアや赤い看板は太極堂の象徴。パッケージには「太極書体」というオリジナルフォントを使用するなど、細部までこだわったブランディングにも心を掴まれます 6 フリー Wi-Fi、電源完備のカフェ空間 7 看板商品のヤチェサラダW7600。ふわふわのコッペパンでキャベツや卵をマヨネーズで和えたサラダをサンド 8 2015年の改装で増築したスペース 9 購入したパンやデザートをカフェで食べることもできます

カフェだけの
利用もOK！

太極堂
태극당／テグッタン

1946年創業のレトロなベーカリー

半世紀以上変わらぬ味で愛されるロングセラー商品が多数。南楊州にある直営牧場の牛乳を使った太極食パンなど、品質にも強いこだわりが。

MAP P.174 E-4 ☎02-2279-3152 🏠中区東湖路24キル7 🕐8:00～21:00 🈚無休 🚇地下鉄3号線東大入口駅2番出口から徒歩1分 [東大入口] 📷taegeukdang

買ってその場で食べられるソウル最古のパン屋さん

1946年に明洞で誕生した「太極堂」。1973年に現在の場所に移転、2015年にリニューアルし、売り場とカフェが増築されました。

店内は70年代ソウルのレトロな世界観。毎日100種近いできたてパンが並び、ひっきりなしに訪れる地元客が袋いっぱいに買い占めていきます。パン・製菓以外にアイスクリームの専門の職人がいて、アイスモナカは夏場1日400個売れるという人気ぶり。食後のデザートにぜひ！

パンは8時頃にそろいます。Strawberry Pastry Tart W5500。ふわふわパンに粉砂糖がたっぷりのった名物のPandoro W6000

pattern 1

韓屋カフェの焼きたてパンでモーニング

平日
7:00
OPEN

Onion 安国

어니언 안국／オニオン アングッ

人気ベーカリーカフェ Onionの3号店。大規模な韓屋をリノベーションした空間は惚れ惚れしてしまう美しさです。

(MAP) P.177 B-1 ☎070-7543-2123 🏠鍾路区桂洞キル5 ⏰7:00 〜 21:00(LO 20:30)、土・日曜 9:00 〜 🔓無休 🚇地下鉄3号線安国駅3番出口から徒歩1分 [安国] 📷 cafe.onion

伝統家屋らしく座敷スペースも。100年以上前に建てられ、過去には捕盗庁(警察)、韓医院、料亭などとしても使われてきました

オーストラリアの人気ロースター「Dukes Coffee」の豆を使用

pattern 2

おしゃれエリアの穴場カフェへ

毎日
9:00
OPEN

33apartment

33아파트먼트／33アパトゥモントゥ

ファッション関係者が集う漢南洞の人気店。地下まで広がるアートな空間はインテリア、グラフィックデザインなど各分野で活躍する4名のオーナーが直々にプロデュース。

(MAP) P.180 F-2 ☎02-794-0033 🏠龍山区漢南大路27キル33 ⏰9:00 〜 18:00 🔓無休 🚇地下鉄6号線漢江鎮駅3番出口から徒歩5分[漢南洞] 📷 33apartment

Black Filter Batch Brew W6000。Plain Scone W4500。新メニューなどのお知らせがInstagramに随時アップされています

雰囲気よすぎな**朝カフェ**へ

平日は朝7時オープンの店も!

朝はゆっくりが基本のソウルで重宝!気持ちよく一日をスタートできる居心地のよいカフェをタイプ別にセレクト。

⭐⭐⭐ 23年3月にオープンしたCOFFEE AND CIGARETTES の2号店(📷coffeeandcigarettes.bcity)も平日8:30から営業でおすすめです

クリームチーズにベーコン、ナッツ、チリパウダーをトッピングしたハイプロテインチリベーグルW7300、ビエンナコーヒーのシグニチャービエンナW7500

pattern 3

オフィスビルからシティビューを満喫
平日
8:30
OPEN

COFFEE AND CIGARETTES
커피앤시가렛／コピエンシガレッ

オフィスビルの17階に位置。新聞社など古くから立つ少しレトロなビル群と、趣ある古宮、そしてゴツゴツした山並みと、窓の外にソウルらしいシティビューが広がります。コーヒーのお供には名物のベーグルをぜひ。キーチャームなどオリジナルのグッズもとてもかわいいです。

MAP P.175 B-4 ☎02-777-7557 🏠中区西小門路116 17F ⏱8:30 ~ 21:00、土曜11:00 ~ 🔒日曜 📍地下鉄1・2号線市庁駅9番出口から徒歩1分［市庁］📷coffeeandcigarettes1706

手前には古宮の徳寿宮、奥には北岳山（プガクサン）、北漢山（プッカンサン）、仁王山（イナンサン）などの山々が、夕暮れ時にもおすすめな都会のオアシスです

1 ムグンジ（古漬け白菜キムチ）ツナマヨ、カニカマ、ポスルキトのミニキトキンパ３種盛りW１万3500Ⓑ **2** 注文が入ってから丁寧に巻きますⒶ **3** ムグンジでご飯とツナを巻いたナムドグンジチャムチマリW9500Ⓑ **4** クリームチーズキンパW5500Ⓐ

Best time!

09:00

栄養たっぷりで朝食に最適！

ご飯少なめ、具はぎっしり。
イチ推しキンパコレクション

できたてを味わって

具材も形もさまざま！
朝はごちそうのり巻きを

サクッと朝食をすませたいときにぴったりなキンパ（のり巻き）。ソウルは至るところに専門店がありますが、イチオシは具材たっぷりのごちそうキンパです。2013年頃から「最も身近なファストフードをヘルシーに」と、素材にこだわる店が急増。少なめご飯で具材を包む低糖質・高タンパクな「プレミアムキンパ」が続々誕生しました。そして今ではすっかりこのタイプがスタンダードに。さらに、近年はご飯の代わりに錦糸卵を使うキトキンパも登場。糖質制限やダイエット中でも楽しめるメニューが加わり、ますますバラエティ豊かに進化しています。

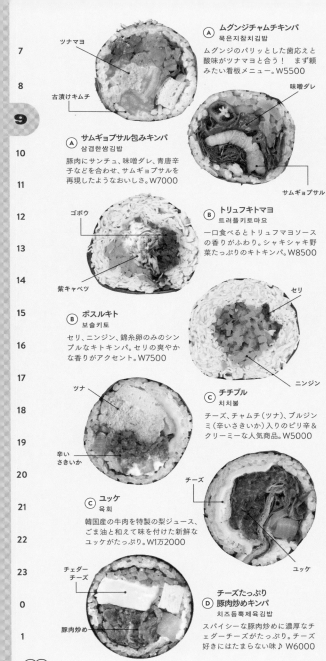

（A）**ムグンジチャムチキンパ**
묵은지참치김밥
ムグンジのパリッとした歯えと酸味がツナマヨと合う！　まず頼みたい看板メニュー。W5500

ツナマヨ
古漬けキムチ

（A）**サムギョプサル包みキンパ**
삼겹한쌈김밥
豚肉にサンチュ、味噌ダレ、青唐辛子などを合わせ、サムギョプサルを再現したようなおいしさ。W7000

味噌ダレ
サムギョプサル

（B）**トリュフキトマヨ**
트러플키토마요
一口食べるとトリュフマヨソースの香りがふわり。シャキシャキ野菜たっぷりのキトキンパ。W8500

ゴボウ
紫キャベツ
セリ

（B）**ポスルキト**
보슬키토
セリ、ニンジン、錦糸卵のみのシンプルなキトキンパ。セリの爽やかな香りがアクセント。W7500

ニンジン

（C）**チチブル**
치치불
チーズ、チャムチ（ツナ）、ブルジンミ（辛いさきいか）入りのピリ辛＆クリーミーな人気商品。W5000

ツナ
辛いさきいか
チーズ

（C）**ユッケ**
육회
韓国産の牛肉を特製の梨ジュース、ごま油と和えて味を付けた新鮮なユッケがたっぷり。W1万2000

ユッケ

（D）**チーズたっぷり豚肉炒めキンパ**
치즈듬뿍제육김밥
スパイシーな豚肉炒めに濃厚なチェダーチーズがたっぷり。チーズ好きにはたまらない味♪ W6000

チェダーチーズ
豚肉炒め

（A）**ハンイプソバン**
한입소반／ハニッソバン

グルメな芸能人も御用達

化学調味料や砂糖は一切不使用の体に優しいキンパを提供。具材9対ご飯1の比率で巻き、ボリュームもたっぷりです。

MAP P.173 B-3 ☎02-701-4417 🏠龍山区青坡路45キル5 ⏰7:00～19:00 🔒無休 📍地下鉄4号線淑大入口駅8番出口から徒歩4分［淑大入口］
📷hanipsoban_

（B）**ポスルポスル 狎鷗亭本店**
보슬보슬 압구정본점／ポスルポスル アックジョンボンジョム

キトキンパが名物のニューフェイス

2019年に江南に1号店が誕生し、狎鷗亭本店は2022年にオープン。ご飯を使わず卵で具を包むキトキンパのメニューが豊富です。

MAP P.185 C-1 ☎02-515-1245 🏠江南区狎鷗亭路216地上1F 16～19号 ⏰8:00～21:00(LO20:30) 🔒無休 📍地下鉄3号線狎鷗亭駅2番出口から徒歩3分［狎鷗亭］
📷boseulboseul

（C）**スアダン**
수아당／スアダン

ユニークなキンパが目白押し！

2018年オープン。ユッケやサーモンといった個性派メニューが魅力のテイクアウト専門店。有料でご飯を卵に変更可能。

MAP P.172 D-1 ☎02-926-0625 🏠城北区東小門路20ガキル33 ⏰7:00～23:00(LO22:00) 🔒無休 📍地下鉄4号線・牛耳新設線誠信女大入口駅1番出口から徒歩2分［誠信女大入口］
📷suadang_official

（D）**Lee's キンパ 狎鷗亭本店**
리김밥 압구정본점／リーキムパッ アックジョンボンジョム

プレミアムキンパの先駆け店

野菜たっぷりでシャキシャキの歯ごたえが楽しめます。チーズ入りのメニューが多いのもうれしい！

MAP P.185 C-1 ☎02-548-5552 🏠江南区狎鷗亭路30キル12 ⏰月～金曜(6～9月)8:30～20:30、(10～5月)～19:30、土曜・祝日8:00～18:30 🔒日曜 📍地下鉄3号線狎鷗亭駅2番出口から徒歩1分［狎鷗亭］

クァベギ（揚げドーナツ）などのおやつ系屋台は11時頃からの営業なので要注意。食後にぜひ

Best time!

10:00

ヒップに進化中！
クァンジャンシジャン
広蔵市場の
新しい楽しみ方

"名物グルメ"をコンプリート！

観光客で混み合う前に名物を味わいましょう

コンプ案件 3
ポリパッ
たっぷり野菜を麦飯と混ぜるビビンパ
W5000。東部A39号「木洞ポリパッ」にて

コンプ案件 2
麻薬キンパ
クセになる味わいで"麻薬"と呼ばれる
のり巻き。「モニョキンパ」でW3000

コンプ案件 1
ピンデトッ
すりつぶした緑豆に野菜や肉を入れて
揚げたチヂミ。「スニネ」にてW5000

行ってみた！
가봤어요！

コンプ案件 5
プックミ
もち米粉（白）とキビ（茶）の焼き餅、
各W2500。店頭の水飴をかけて

コンプ案件 4
揚げドーナツ
もち米粉を使ったサクふわのクァベ
ギW1000。鍾路5街駅側の行列店にて

コンプ案件 8
カルグクス
推しは東部A70号コヒャンカルグク
ス、東部A13号江原道ソンカルグクス

コンプ案件 7
ユッケ通り
プチョンユッケ（P.116）もここに。朝
はユッケビビンバもおすすめW9000

コンプ案件 6
テグタン
白子たっぷりの辛いタラ鍋テグメウン
タンは「ウンソンフェッチッ」で

広蔵市場
光蔵宮路88／クァンジャンシジャン

ソウル最古の常設市場

1905年に誕生した在来市場。韓服、
布団、グルメ、古着、惣菜…と、なん
でも揃います。屋台での支払い用に
現金の準備を忘れずに。

(MAP) P.176 E-3 ☎02-2269-8855 🏠鍾路区
昌慶宮路88 ◷9:00 ～ 23:00頃（店により
異なる）🍴日曜（店により異なる）🚇地下鉄1号
線鍾路5街駅8番出口から徒歩1分［鍾路］

で食後にぜひ訪れてみて。
は11時以降に開く店が多いの
ます楽しいスポットに。そちら
プロデュースするおしゃれな店
が急増し、新旧が融合するます
また、近年は市場内に若者が
シゴして楽しみましょう。
ら営業しているので、朝からハ
の市場名物を扱う店は早朝か
ピンデトッ（緑豆チヂミ）など
（うどん）、ポリパッ（麦ご飯）、
店選びができます。カルグクス
午前中は比較的余裕を持って
り。週末午後は大混雑ですが、
中で最も賑わう「うまいもん通
飲食店や屋台が並び、市場の

グルメは午前に食べ比べ 11時からは新名所へ！

市場の居抜きに "핫플 (ハップル)" が登場！

ハップル＝「Hot Place」。市場の一角に若者が集まるホットなカフェができました

onion 広蔵市場
어니언 광장시장／オニオン クァンジャンシジャン

築60年になる貴金属店の跡地を改装

2022年8月にオープンした、人気カフェ Onion（P.18）の4号店。「ノスタルジア」をテーマにプラスチックの屋台椅子など市場らしい要素を取り入れています。
(MAP) P.176 E-3 ☎02-498-0077 🏠鍾路区清渓川路215 ⏰11:00〜19:00(LO 18:50) 🔓無休 📍地下鉄1号線鍾路5街駅7番出口から徒歩1分 📷 cafe.onion

ペストリーパイW4000、ヘーゼルナッツラテW5000

"セレクトショップ" でおみやげを買う

市場の風景をポップにデザインしたグッズが手に入るショップも！

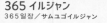

韓服の素材がバッグに！

韓国式たい焼きのプンオパン、ユッケをモチーフにしたスマホグリップ各W7500

365 イルジャン
365일장／サムユゴイルジャン

広蔵市場ならではのアイテムがそろう

テーマは「商人との共存、市場の再発見」。市場名物をモチーフにしたオリジナルグッズや、韓国各地の伝統酒、特産品などを販売しています。
(MAP) P.176 E-3 ☎02-2275-0321 🏠鍾路区鍾路32キル21 1F ⏰11:30〜19:00 🔓月・火曜 📍地下鉄1号線鍾路5街駅7番出口から徒歩1分 📷 365iljang

(右)広蔵市場ステッカー W6000（左）韓服に使用する布で作られたワインボトルバッグW1万8500

☆ ☆ ☆ 365イルジャンの4階には17時から営業の隠れ家バー Hidden Hour (@hidden_hour) が。こちらもとても素敵です！

"隠れ家的ルーフトップカフェ"に癒される

韓服店が集まる市場西側のビルの屋上に、秘密にしておきたい素敵なカフェが

ケイジャンチキンとク
スクスW1万5000、カ
フェラテW6000

ブランチも
人気です

Public Garden
퍼블릭가든／ポブリッガドゥン

古い倉庫が居心地のいいカフェに

2022年8月にオープン。銀行などが入るビルの屋上
に放置されていた古い倉庫を改装し、開放感あふれ
るルーフトップ席が魅力です。季節のエイドW6500、
味噌キャラメルブラウニー W7000（写真右上）。

MAP P.176 E-3 ☎0507-1375-3402 🏠鍾路区清渓川路199
4階 🕚11:00 ～ 22:00(LO21:00) 🔒無休 🚇地下鉄2・5号線
乙支路4街駅4番出口から徒歩4分 📷 publicgarden.seoul

市場の焼きたてチヂミと"伝統酒"で一杯♪

近年人気が高まっているボトルショップ（P.132）も市場内に！

ホソンセンジョン
호선생전／ホソンセンジョン

大きな冷蔵庫に生マッコリがずらり！

マッコリなどの伝統酒や韓国焼酎を
店頭で焼くチヂミと一緒に楽しめる
お店。店内の冷蔵庫から好きなお酒を
選びましょう。ビビン麺に肉チヂミを
のせたホビムミョンW1万6000ほか。
テイクアウトのみの利用もOK。

MAP P.176 E-3 ☎02-498-0077 🏠鍾路区鍾
路32キル 15 🕛12:00 ～ 23:00(LO21:50)
🔒無休 🚇地下鉄1号線鍾路5街駅7番出口から
徒歩1分 📷 hosunseng

右から、炭酸マッコリ
のコッチャムW2万80
00、ヨモギマッコリの
スックレW2万9000

10:00

オープンと同時にチェックイン！

眺望カフェの特等席に陣取る

人気店の特等席に座るなら開店直後が狙い目。コーヒーがさらにおいしくなるビューを求めて、みんなより一足先にお店へ！

pattern 1

聖堂＆ソウルタワーを望む明洞の穴場カフェへ

MOLTO Italian Espresso Bar

몰또 이탈리안 에스프레소바／モルット イタリアン エスプレソバ

明洞聖堂の向かいにあるエスプレッソバー。荘厳な大聖堂とソウルタワーを一望できるテラス席が大人気で、平日・週末を問わず多くの人で賑わいます。ブルスケッタW1万2800～など食事系も充実でブランチにもおすすめ。

MAP P.177 B-5 ☎02-778-7779 🏠中区明洞キル73 3F ⏰10:30～19:30（料理LO16:30、カフェ LO19:00）🔒日曜 📍地下鉄2号線乙支路入口駅5番出口から徒歩7分 [明洞] 📷 molto_espressobar

席を確保する前に注文するのがお店のルール。オーダー後に座席へ移動しましょう。エスプレッソに生クリームをのせたカフェコンパンナW4800、パイ生地でクリームを包んだカンノンチーニ3種セットW9900

1898年に完成した明洞聖堂は韓国初のレンガ造りのゴシック建築。数々の名作ドラマのロケ地としても有名です

7

pattern 2

南山のふもとで手作りの絶品スイーツを

Komfortabel Namsan

콤포타블 남산／コムポタブル ナムサン

8

9

10

フレグランスブランドGRANHAND.（P.68）
が手がけ、3階にショップも併設。店名の通
り、木のぬくもりあふれる落ち着いた空間が
最高に心地よいカフェです。毎日お店のキッ
チンで手作されるデザートをぜひ。

(MAP) P.175 C-5 ☎070-8804-6502 ♠龍山区トゥトッ
パウィ路60キル49 4F ⏰10:00～22:00 🔒無休 ♥地
下鉄4号線淑大入口駅2番出口から徒歩24分［南山］
📷komfortabelcoffee

11

12

13

14

15

16

17

1店内の隅にGRANHAND.のアイテムが置
かれほんのりいい香りが漂います **2**生マンゴ
ーケーキW1万4000、ティーエイドのNam
san W7000、アイスカフェラテW5000ほ
か **3**ルーフトップ席もあります

18

pattern 3

高台からソウルの街並みを一望！

THE ROYAL FOOD & DRINK

더로열푸드앤드링크／ド ロヤル プドゥ エン ドゥリンク

19

20

21

22

本格ブランチと手作りスイーツが味わえる
ダイニングカフェ。絵画のような景色を望
む最上階の窓側席が大人気！ 確実に席をゲ
ットするなら開店前からスタンバイしまし
ょう。前払い制なので席に着く前に注文を。

(MAP) P.173 C-3 ☎070-7774-4168 ♠龍山区新興路
20キル37 ⏰11:00～22:00 🔒水・木曜 ♥地下鉄6号
線緑莎坪駅2番出口から徒歩21分［解放村］
📷theroyalfad

23

0

1

4最上階の座席。階段が急なので気をつけて

Best time!
10:30

1日過ごせるソウルの新名所
次世代の百貨店
THE HYUNDAIへ

THE HYUNDAI SEOUL
더현대 서울／ドヒョンデ ソウル

フォトジェニックで緑あふれる百貨店

2021年2月オープンした大手デパート現代百貨店の支店。地下2階から地上6階の8フロアに約700のブランドが入店しています。

MAP P.173 A-3 ☎02-767-2233 🏠永登浦区汝矣大路108 ⏰10:30〜20:00 🔒不定休 📍地下鉄5・9号線汝矣島駅3番出口から徒歩約10分（地下道直結）、地下鉄5号線汝矣ナル駅1番出口から徒歩7分［汝矣島］ 📷 thehyundai_seoul

天井から光が差し
緑あふれる癒しの百貨店

既存の百貨店のイメージを覆す美しい空間とセンスあふれるブランドラインナップで人気を博している「THE HYUNDAI SEOUL」。MZ世代に人気のローカルブランドをメインにキュレーションし、街中の "핫플" (ホットプレイス) を一カ所で楽しめるようになっています。

広大な店舗空間は約半分が屋内庭園や緑あふれる休憩スペースになっているのもポイント。商業施設にいるのに思わず深呼吸したくなる、大都会のヒーリングスポットです。

⭐ ⭐ ⭐ 各フロアの一角や屋上庭園では人気ブランドのポップアップイベントが頻繁に開催されています

1日楽しめるスポットですが、ほかにも行きたい場所が山ほどある！という人のために、短時間で楽しむ回り方の例をご紹介。

ハミダシ.info

❶各階で開催されているポップアップも要チェック ❷赤ちゃん休憩室は6階に。おしゃれ＆キレイでびっくり Ⓐデザイン性が高い無料フロアガイドにも注目を

店内にカフェも併設

TIPS 1
駅直結の地下2階から入店！
街の人気店を一気に回る

ARKET
THE HYUNDAI SEOUL 店
ア르켓 더현대서울점／
アルケッ ドヒョンデソウルジョム

H&Mグループが手掛ける日本未上陸ブランド。アジア初上陸となったのがこの店舗。
☎02-3277-8416 ⓘ arketofficial

トートバッグ W1万3000。インテリア雑貨も豊富です

ARKET

オリジナルのグッズが人気

NICE WEATHER
THE HYUNDAI SEOUL 店
나이스웨더 더현대서울점／
ナイスウェザー ドヒョンデソウルジョム

カロスキルに本店を持つセレクトショップ。アパレル、雑貨、輸入菓子などが並びます。
→P.59

ⒶSTRIPE SKATE SOCKS (BLUE) W9000
ⒷHGD CAMTRAY (WHITE) W2万6000 ⒸRUBBER GLOVES VER.2 W9000

13時からはOLD FERRY DONUT (P.89) のドーナツも販売

HAVE A GOOD DAY

Camel coffee
THE HYUNDAI SEOUL
카멜커피 더현대서울／
カメルコピ ドヒョンデ ソウル

地下1階には狎鷗亭にある人気カフェの支店も。同店舗限定のヨイドコーヒーをぜひ。
☎02-3277-0758
ⓘ camel__cafe

ヨイドコーヒー
W6000

TIPS 3
Marketコーナーで
おみやげも解決！

高品質な食品が揃います

地下1階の高級スーパー Ⓐ韓国産ゴマ油 W2万3000、エゴマ油各 W1万6000 Ⓑカニ入りの海鮮ダシパック W8800

TIPS 2
お腹が空いたら
地下1階のTasty Seoulへ

フードコートのほか、夢炭 (P.135) やクムテジ食堂 (P.115) がコラボしたBBQ専門店「Sooty」など注目のダイニングも

THANKS OAT安国の
パッションフルーツエイド
W6500

Ⓐ自家製パッションフルーツシロップを使用。ローズマリーのいい香りがします

THANKS OAT安国の
アボカドブレンディドゥ
W8500

Ⓐグリークヨーグルトにグラノラ、アボカド、ミニトマト、オリーブ、バジルオイル、アガベシロップをトッピング

グラノラやオートミールもお店で手作り

甘じょっぱさがクセになる
食事系のグラノラ×ヨーグルト！

나는 오프라옹〜
（僕はオーツだニャン）

╲ カフェでゆっくり ╱

グリークヨーグルト

그릭요거트

👆

↑땡스오트

お店は
2階だよ

THANKS OAT安国の
ミックスベリーソフトヨーグルトボール
W8900

Ⓐベリー味のソフトグリークヨーグルトをオーツ麦のパフとフルーツにかけて

ソフトヨーグルトを
かけて♪

Ⓐ THANKS OAT 安国

땡스오트 안국／テンスオトゥ アングッ

MAPP.177 B-1 ☎0507-1392-0891 🏠鍾路区北村路21-10 2F 🕙10:00 〜 19:00 🔒無休 地下鉄3号線安国駅1番出口から徒歩5分[安国]

◎thanksoat

季節のフルーツたっぷり！

오늘 뭐 먹지?

オヌルムォモッチ?

\ サクッと食べたい /

トースト＆お粥＆のり巻き

토스트&죽&김밥

栄養たっぷり！アワビのお粥

本粥 明洞店の
アワビ粥
W1万3000

Ⓑ アワビ粥は元気がない
ときの滋養食としても食
べられています

トリュフが香るラグジュアリーなお味

本粥 明洞店の
トリュフアワビ粥
W1万7000

Ⓑ 全国各地に展開するお
粥チェーン。豪華なトリュ
フ風味のお粥も！

野菜と肉の優しいダシが沁みる！

本粥 明洞店の
牛肉野菜粥
W1万1500

Ⓑ 牛肉のひき肉と玉ねぎ、エホバク（韓国
ズッキーニ）など6種の野菜入り

チーズがとろ〜り♡

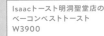

Isaacトースト明洞聖堂店の
ベーコンベストトースト
W3900

Ⓒ 韓国風ホットサンド、
トースト。甘じょっぱく
てクセになる味！

ガッツリ系がお好みなら

Isaacトースト明洞聖堂店の
プルコギトースト
W4300

Ⓒ プルコギ味のソースが
かかった、パティ入りの
ボリュームサンド

シンプルもおいしさ！

Isaacトースト 明洞聖堂店の
ハムスペシャルトースト
W3500

Ⓒ 迷ったらスタンダードな
こちらがおすすめ。ハム、チー
ズ、卵焼きに千切りキャ
ベツがたっぷり

ハンイプソバンの
クリームチーズキンパ
W5500

Ⓓ 人気ののり巻き専門
店。クリームチーズが意
外とごはんに合う！

注文が入ってから
巻きます！

チーズのコクがいい仕事してます

Ⓑ 本粥 明洞店
본죽 명동점／
ポンジュッ ミョンドンジョム
MAP P.175 C-4 ☎02-755-3562
🏠中区明洞8ガキル6 2F ⏰9:00
〜22:00 🚫無休 🚇地下鉄4号線明
洞駅6番出口から徒歩1分［明洞］

Ⓒ Isaac トースト
明洞聖堂店
이삭토스트 명동성당점／
イサットストゥ
ミョンドンソンダンジョム
MAP P.177 B-5 ☎0507-1389-20
61 🏠中区明洞10キル17-1 ⏰8:00
〜20:00 🚫無休 🚇地下鉄4号線明
洞駅8番出口から徒歩3分［明洞］
📷isaac.toast.mdong.cathedr
al

Ⓓ ハンイプソバン
한입소반／ハンニッソバン
→P.21

031

今日、何食べる？
朝食編

朝食にぴったりな
あっさり系のサムゲタン

**長安参鶏湯の
サムゲタン
W1万8000**

Ⓔ 1971年創業。鶏肉は生後40日以内の雄若鶏を使い、弾力があります

\ 体が目覚める！ /

あったかスープ

따뜻한 국물요리

カレイの旨みが
ギュギュ！

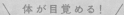
スープと一緒にお肉や
スンデを味わえるセット！

**青瓦屋 乙支路3街直営店の
ピョンベク定食
W1万4000**

Ⓕ スンデ（豚の血の腸詰め）のスープとせいろ蒸しの両方が楽しめる定食

**清潭ミヨッ 狎鷗亭店の
カジャミミヨックク
W1万2000**

Ⓖ ミヨッとはわかめのことで、こちらはわかめスープの専門チェーン。大きなカレイ入りのわかめスープが名物です

スンデがゴロゴロ！

**青瓦屋 乙支路3街直営店の
青瓦屋スンデグク
W9000**

Ⓕ スープには8種の韓方薬材を使い、スンデ初心者もトライしやすい味

032

오늘 뭐 먹지?

오느루 뭐 먹지?

オヌルムォモッチ？

クリーミーで優しい味

豚寿百 弘大直営店の
トンタンバン(テジクッパ)
W8500

Ⓗ 釜山名物の豚クッパをソウル風にし、豚骨スープに豚肉たっぷり。アミの塩辛で味の調節を

すっきりピリ辛！

好みの味に調えて

三百家 カロスキル
直営店の
コンナムルクッパ
W8500

Ⓘ 豆モヤシスープの本場、全州に本店が。シャキシャキの豆モヤシのスープはピリ辛の塩味

武橋洞プゴグッチッの
プゴッヘジャングク
W9500

Ⓚ 牛骨ダシをベースに、干しダラと卵、豆腐を加えた優しい味のスープ。ビタミンなどの栄養が豊富でお肌にもいいそう

里門ソルロンタンの
ソルロンタン(普通)
W1万3000

Ⓙ 創業100年を超える老舗。韓牛を煮込んだ雑味のないあっさりスープを塩、コショウで好みの塩気に調えて食べます

Ⓔ 長安参鶏湯
장안삼계탕／
チャンアンサムゲタン
MAP P.177 A-5 ☎0507-1302-5834 ♠中区世宗大路18キル8 ◎9:00～21:00(LO20:30) 🔒無休 ♀地下鉄1・2号線市庁駅7番出口から徒歩1分 [市庁]

Ⓕ 青瓦屋
乙支路3街直営店
청와옥 을지로3가직영점／
チョンワオッ ウルチロサムガチギョンジョム
MAP P.177 C-4 ☎0507-1448-1309 ♠中区乙支路110 1F 1号◎8:00～22:00(LO21:30) 🔒無休 ♀地下鉄2・3号線乙支路3街駅11番出口から徒歩1分 [乙支路]

Ⓖ 清潭ミヨッ 狎鷗亭店
청담미역 압구정점／
チョンダムミヨッ アックジョンジョム
MAP P.185 B-1 ☎02-518-6800 ♠江南区狎鷗亭路20キル15 ◎9:10～20:30(LO20:00) 🔒無休 ♀地下鉄3号線狎鷗亭駅4番出口から徒歩4分 [狎鷗亭]

Ⓗ 豚寿百 弘大直営店
돈수백 홍대직영점／
トンスベッ ホンデチギョンジョム
MAP P.178 D-3 ☎02-324-3131 ♠麻浦区弘益路6キル74 ◎24時間 🔒日曜21:00～月曜9:00 ♀空港鉄道・地下鉄2号線弘大入口駅8番出口から徒歩1分 [弘大]

Ⓘ 三百家
カロスキル直営店
삼백집 가로수길직영점／
サムベッチッ カロスキルチギョンジョム
MAP P.185 B-2 ☎02-6229-3100 ♠江南区島山大路17キル6 ◎10:00～14:30、17:30～21:00(LO20:30) 🔒無休 ♀地下鉄3号線新沙駅8番出口から徒歩8分 [カロスキル]

Ⓙ 里門ソルロンタン
이문설농탕／イムンソルロンタン
MAP P.177 B-3 ☎02-733-6526 ♠鍾路区郵征局路38-13 ◎8:00～15:00(LO14:30)、16:30～21:00(LO20:30) 日曜～20:00(LO19:30) 🔒無休 ♀地下鉄1号線鐘閣駅3-1番出口から徒歩4分 [鐘閣]

Ⓚ 武橋洞プゴグッチッ
무교동북어국집／ムギョドンプゴグッチッ
MAP P.177 A-4 ☎02-777-3891 ♠中区乙支路1キル38 ◎7:00～20:00(LO19:30)、土・日曜7:00～15:00(LO14:30) 🔒5月1日、8月1～10日 ♀地下鉄2号線乙支路入口駅1-1番出口から徒歩5分 [乙支路入口]

MORNING TIPS

ゆっくり動き出すソウルの朝。午前中は古宮を散歩したり、スパでのんびりリラックス。

古宮散歩

고궁 산책

朝時間を活用して古宮を散策！
韓服をレンタルすれば入場無料に

ソウルには5つの古宮がありますが、そのうち4つは韓服を着用すると入場料が無料になる。でも景福宮は、周辺に韓服のレンタル店が多数。鮮やかなピンクの動政門や回廊、正門の光化門、イチョウの木が並ぶ外壁とフォトジェニックなポイントが満載です。世界遺産の徳寿宮も外壁のトルダムキル（石垣道）まで美しく、韓国ドラマのロケ地としても有名。名作に思いを馳せつつ、散策を楽しんで。

昌慶宮
창경궁／チャンギョングン
MAP P.176 D-1 ☎02-762-4868 ⌂鍾路区昌慶宮路185 ⏰9:00～21:00（最終入場20:00）📅月曜 🚇地下鉄3号線安国駅3番出口から徒歩20分［安国］

徳寿宮
덕수궁／トクスグン
MAP P.177 A-4 ☎02-771-9951 ⌂中区世宗大路99 ⏰9:00～21:00（最終入場20:00）📅月曜 🚇地下鉄1・2号線市庁駅1・2番出口から徒歩1分［市庁］

昌徳宮
창덕궁／チャンドックン
MAP P.177 C-1 ☎02-3668-2300 ⌂鍾路区栗谷路99 ⏰2～5月、9～10月9:00～18:00、6～8月～18:30、11～1月～17:30 ※最終入場各1時間前 📅月曜 🚇地下鉄3号線安国駅3番出口から徒歩5分［安国］

景福宮
경복궁／キョンボックン
MAP P.175 B-1 ☎02-738-9171 ⌂鍾路区社稷路161 ⏰3～5月、9～10月9:00～18:00、6～8月～18:30、11～2月～17:00 ※最終入場各1時間前 📅火曜 🚇地下鉄3号線景福宮駅5番出口から徒歩1分［景福宮］

> 屋上のラウンジ

SULWHASOO DOSAN FLAGSHIP STORE
설화수 도산 플래그십 스토어
／ソルファス ドサン プルレグシッ ストオ
MAP P.185 C-2 ☎02-541-9272 ⌂江南区島山大路45キル18 ⏰ブティック10:00～19:00、スパ～20:00 📅第1月曜 🚇水仁・盆唐線狎鷗亭ロデオ駅5番出口から徒歩10分［狎鷗亭］ URL https://www.sulwhasoo.com/kr/ko/index.html ※要予約

エステ・スパ

스파

ラグジュアリーなスパで
心も体もリラックス♡

アジアの美の知恵を取り入れたラグジュアリースキンケアブランド、雪花秀（ソルファス）。狎鷗亭にあるフラッグシップストアは5階建ての建物すべてが店舗になっており地下1階には高級感あふれる「プレミアム韓方アンチエイジングスパ」、4階には緑あふれる公園に面した明るい「コンテンポラリー韓方バランススパ」の2種類のスパがあります。地下で受けられる背中と顔のアンチエイジングケア、INTENSIVE GINSENG JOURNEY（100分）W35万。

観光情報センター
관광정보센터

観光情報センターは
地下鉄グッズが手に入る

Club K ソウル宣陵
チムジルバンサウナ
클럽케이서울 선릉찜질방사우나
／クルロッケイソウル
ソンヌンチムジルバンサウナ
[MAP] P.184 D-4 ☎0507-1488-11
49 ●江南区宣陵路524 117号
●24時間 ●不定休 ●地下鉄2号線・
水仁・盆唐線宣陵駅8番出口から徒
歩2分［宣陵］

日本語が可能なスタッフも常駐する観光案内所。韓国にちなんだグッズを扱うショップが併設されています。このショップ限定の人気アイテムは地下鉄駅の看板をモチーフにしたキーホルダー各W5000。好きな街や思い入れがある駅名のものを、旅の記念にぜひ。同じデザインのマグネットや観光地をモチーフにしたアイテムも売っています。

明洞観光情報センター
명동관광정보센터
／ミョンドンクァングァン
ジョンボセント
[MAP] P.177 B-5 ☎02-778-0333 ●中区乙支路66 ●9:00〜18:00 ●無休 ●地下鉄2号線乙支路入口駅5番出口から徒歩3分［明洞］

チムジルバン
찜질방

カフェみたいに過ごしやすい
都会のチムジルバンで朝風呂

「朝のソウルやることない問題」の解決策として提案したいのがチムジルバン。Club Kソウル宣陵チムジルバンサウナは立地、衛生面、安全面、施設充実度、安全面、施設星3つの満足度。ドリンクやベーカリーメニューも充実していてカフェのように気軽に利用できます。

韓紙
한지

無料の体験施設で
韓国固有の紙・
韓紙について学ぶ

北村エリアには韓紙（ハンジ）の魅力を発信する複合文化空間が。地下1階の韓紙研究空間では韓紙を使ったしおり作りなどを無料で体験できます。メッセージカード各W4500などオリジナルグッズはおみやげにも◎。

韓紙文化産業センター
한지문화산업센터
／ハンジムヌァサッセント
[MAP] P.174 D-1 ☎02-741-6600 ●鍾路区北村路31-9 ●10:00〜19:00 ●月曜 ●地下鉄3号線安国駅2番出口から徒歩10分［北村］
@hanjicenter

カスタマイズ
커스텀

カスタマイズは
開店前から行列

NIKEなどスポーツブランドの一部店舗では商品にハングルモチーフのアイテムをカスタマイズできるサービスが。観光客に大人気で開店前から行列するので最新情報を確認のうえ訪問を！

WOWPASS

もはや両替は不要!?
観光客用プリペイドカード

WOWPASSは外国人観光客専用のプリペイドカード＆モバイルアプリサービス。地下鉄駅やホテルに設置された無人両替機で日本円をウォンに両替＆チャージでき、アプリで使用額を確認できる。ほか、OLIVE YOUNGなど一部ブランドで使用すると、キャッシュバックがある場合も。韓国では飲食店やコンビニもカード決済がマストなので、持っておくと便利です。

このほか、T-money（交通系ICカード）としても使で、持っておくと便利です。

イタリアンダイニングとカ
フェ、グローサリーストアが
一体となった「TASTE AND
TASTE 聖水フラッグシップ」
（P.58）。

SEOUL THE BEST TIME

IN THE

Midday

11:00 - 14:00

ビジュアルも味も満足のベーカリーカフェか
ら、カンジャンケジャン、韓国でしか食べられ
ない透明スープのクッパや本格冷麺まで、ラン
チの選択肢はさまざま。おなかがいっぱいにな
ったら、ショッピングに繰り出しましょう。

ダークチョコ
をつけて

Best time!
11:00

チュロス、パイ、ベイク…！
かわいすぎる
粉ものカフェ3選

おいしくて最高にかわいい
行列も納得の人気店

韓国ではベーグル（P.14）、
ドーナツ（P.88）、チュロス、パ
イなど、粉ものフードを売りに
したカフェが大人気！ここ
では味はもちろん、空間も最
高に素敵なとっておきの3軒
をご紹介します。

Ⓐ

Ⓑ

#1
揚げたてをディップ！
スペイン式チュロス

ドーナツやベーグルに続くトレンドフー
ドとして注目されているチュロス。韓国
ではザクザクの揚げたてをチョコレート
に浸して食べるスペイン式が人気です。
ブームの火付け役を担ったのは狎鴎亭に
あるこちらのカフェ。2022年12月のオー
プン以来行列が絶えない人気ぶりです。

Minute Papillon
미뉴뜨 빠삐용／ミニュトゥッパッピヨン

MAP P.185 C-1 ☎070-8888-0288 🏠江南区島山大
路51キル37 B1F ⏰10:00 ～ 22:00(LO21:30) 🔒
無休 🚇水仁・盆唐線狎鴎亭ロデオ駅5番出口から徒
歩4分［狎鴎亭］ 🅾 minute.papillon.official

Ⓐエスプレッソの上にチョコクリームをのせた
Choco Amaretto W7000Ⓑディップソースも
絶品。White Cream、Peanut Chocolate Banana
各W1800ⒸDeep Chocolate & Churros (6ea)
W8000Ⓓ〜Ⓖヨーロッパの劇場をイメージ

Ⓒ Ⓓ Ⓕ Ⓖ Ⓔ

#2

英国ムード漂う人気店
ベイク＆スコーン

ヨーロッパの家をモチーフにした3階建ての一軒家カフェ。1階に並んでいるケーキやスコーンの中から好きなものを選んで自分でお皿に取り、カウンターでドリンクとともに注文しましょう。

Cafe Layered 延南店
카페 레이어드 연남점／
カペ レイオドゥ ヨンナムジョム

(MAP) P.178 D-2 ☎非公開 🏠麻浦区ソンミ山路161-4 ⏰10:00～23:00 🔓無休 📍空港鉄道・地下鉄2号線弘大入口駅3番出口から徒歩13分［延南洞］ 📷 cafe_layered

Ⓐ2階のイートインスペースⒷレンガ造りの外観が目印. THE HYUNDAI SEOUL（P.28）や安国駅にも支店がありますⒸ看板メニューはスコーンW4800～やビクトリアケーキW8000

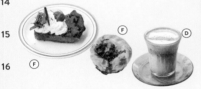

ⒶClassic Meat Pie W8500、Spinach goat quiche W7000、ビーツグレープフルーツジュースW7500Ⓑ店頭のパイは自分でお皿に取り、ショーケースに並ぶデザート系は店員さんに希望のメニューを伝えましょうⒸテラス席もありますⒹピーナッツクリームラテW6000ⒺPulled Pork Pie W8500ⒻBlack Forest W9500

#3

ランチにもピッタリ！
焼きたてパイ

手作りのパイ、キッシュ、ガレットがずらりと並ぶベーカリーカフェ。商品はすべて店内奥のキッチンで製造し、いつもバターのいい香りが漂っています。

GINGER BEAR PIE SHOP
진저베어／ジンジョベオ

(MAP) P.172 F-4 ☎非公開 🏠松坡区百済古墳路41キル43-7 ⏰12:00～21:00 🔓無休 📍地下鉄8・9号線石村駅1番出口から徒歩7分［松坡］ 📷 ginger.bear_pie

ここは12時オープン！

古びた路地に突如現れるモダンなアートスポット

No 01

GROUNDSEESAW
西村
그라운드시소 서촌／
グラウンドゥッソ ソチョン

ユニークな企画展がいつも話題に！

流行をとらえた独自の展示が大人気。聖水、明洞にもあり、展示内容は異なるので要チェック。

MAP P.175 B-1 ☎070-4473-9746 🏠鍾路区紫霞門路6キル18-8 ⏰10:00〜19:00 休第1月曜 🚇地下鉄3号線景福宮駅3番出口から徒歩3分［西村］

📷 groundseesaw
© GROUNDSEESAW

過去に開催されたThe Anonymous Project展のグッズ Ⓐスライドマウント各W4000 ⒷイヤホンケースW1万2000 ⒸスマホケースW1万8000 ⒹカードセットW1万7000

Best time!
11:00

芸術と美空間に心やすらぐ
癒しの
**アートギャラリー
＆ミュージアム**

建物や空間そのものも美しいギャラリーや美術館でアートに浸って。撮影OKな施設が多いのもうれしい！

☆ ☆ ☆ 展示の内容は1年に2〜3回のペースで入れ替えになります。開催時間は渡航前にインスタやネットで確認を！

1 70年代に建てられた製薬会社の社屋をリノベ。会賢駅からここまで坂道が続くので心の準備を **2** 開放的な屋上からはソウルタワーやソウルの街並みも見えます **3** シャンデリアがきらめくカフェ

街中の喧騒を離れて
緑に囲まれた空間へ

No 02

piknic
피크닉／ピクニッ

地下から屋上まで
建物全体を楽しめる!

カフェやショップが一体になった複合文化空間。展示の企画や内容によってスペースの使い方ががらりと変わります。

MAP P.175 B-4 ☎02-6245-6371 中区退渓路6ガギル30 ⊙11:00～19:00 月曜 地下鉄4号線会賢駅3番出口から徒歩4分 [南大門] ⓞ piknic.kr

1 2 展示の入れ替え期間も楽しめるミュージアムショップ「WHITE LABEL」。新進気鋭の若手アーティストの作品が並び、ショップでありながら展示スペースのような空間です **3** 駅直結でアクセス良好

現代アートを体感できる
楽しい仕掛けがいっぱい

No 03

D MUSEUM
디뮤지엄／ディミュジオム

ホットなエリアに
移転オープン!

"撮りたくなる展示"の先駆けだったD MUSEUMが2021年に聖水エリアに移転。幅広い世代が楽しめる空間にパワーアップしました。

MAP P.183 B-2 ☎02-6233-7200 城東区往十里路83-21 ⊙11:00～18:00 水曜 水仁・盆唐線ソウルの森駅4番出口直結 [ソウルの森] ⓞ daelimmuseum

鶏月
계월／ケウォル

月の光のように清く澄んだ一杯を

鶏の肉やガラを2日かけて煮出した
スープに野菜ダシを合わせて旨みを
プラス。シャキシャキ青菜とふわふ
わお肉のバランスも絶妙です。

MAP P.183 C-4 ☎0507-1362-0327 🏠城
東区 聖徳亭3キル8 1F 右側 ⏰11:00～15:00
(LO14:30)、17:00 ～ 21:00(LO20:30)
🚫無休 📍水仁・盆唐線ソウルの森駅2番出口
から徒歩9分 [聖水] ⓘ kyewol_seoul

鶏
タッコムタン
닭

> 丁寧に脂を除いた
> 優しい味の
> 鶏ダシスープ

1 タッコムタンW1万。昼営業のみサイドメニューを小サイズでも提供 **2** 鶏胸肉
とセリなどの野菜を和えた甘辛く酸味のあるタンムッチム(小)W8000 **3** 味噌
で漬けた鶏モモ肉を圧力調理したタッスユク(小)W8000

Best time!
11:00

コムタン、クッパ、カルビタン…!
透明スープで韓式ブランチ

豚
テジクッパ
돼지

> 著名な料理研究家が
> プロデュース!
> 水冷麺も必食

2

**ぺこぺこのおなかと心を
満たしてくれる一杯**

手間暇かけて作られたコム
タンやクッパ、カルビタンをス
ッカラ(スプーン)で一口すす
れば、優しい旨みが体にじんわ
り。「韓国に来たな〜」と実感
できる瞬間でもあります。1
人分が基本で、カウンターだ
けの専門店も増加中。一人旅に
もありがたい存在です。

光化門クッパ
광화문국밥／クァンファムンクッパ

料理研究家パク・チャンイルが運営

スープに使用する肉の部位は韓国産
黒豚の赤身のみ。すっきりまろやか
で深みがあり、グビグビと飲み干し
たくなるおいしさです。

MAP P.177 A-4 ☎02-738-5688 🏠中区世
宗大路21キル53 ⏰11:00 ～ 14:30、17:30
～21:40(LO21:00、冷麺LO20:30)、土曜・
祝日12:00～14:30、17:00～21:00(LO20:
00) 🚫日曜 📍地下鉄5号線光化門駅6番出口
から徒歩2分 [光化門]

1 テジクッパW9500はお好み
でアミを加えて味を調えて。味
を保つためご飯は別盛りで提供
されます。スープに浮かぶ豚肉
も驚きの柔らかさ! **2**平壌冷
麺(水)W1万4000 **3**カウンタ
ー席もあり一人でも入りやすい
雰囲気です

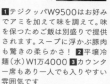

⭐⭐⭐ 屋同食は日本出店も計画中だそう…! 近いうちに日本でもあの味が食べられるかも?

骨付き肉が
インパクト大！
進化系のニューフェイス

1 辛さを加えたカルビタン オルクンW1万6000 2 U字型カウンターだけのこちんまりとしたお店。伝統酒やおつまみの用意も 3 大きな骨付き肉と錦糸卵が目を引くカルビタンW1万5000

牛
カルビタン
소

牛湯
우탕／ウタン

韓国のブランド米・新東津米と一緒に提供

大手企業に調理師として勤務していた店主が2022年6月にオープン。14時間かけて作るカルビタンはほんのり甘みがあり、肉もやわらか。

MAP P.179 C-2 ☎070-8648-0363 ♠麻浦区ソンミ山路17キル115 ○11:30〜15:00、17:00〜21:00（LO20:30）🔒火曜 ♀京義・中央線加佐駅1番出口から徒歩5分 [延南洞] ○ wootang.official

屋同食
옥동식／オクトンシッ

ミシュラン・ビブグルマンの常連店

智異山のブランド黒豚・バークシャーKの肉部分を煮込み、透き通ったスープに。塩だけで味付けされていると思えないほど深い味わいです。

MAP P.179 B-4 ☎010-5571-9915 ♠麻浦区楊花路7キル44-10 ○11:00〜15:00（LO14:30）、17:00〜22:00（LO21:30）🔒無休 ♀地下鉄2・6号線合井駅2番出口から徒歩4分 [合井] ○ okdongsik

1 メインメニューはテジ（豚）コムタンW1万のみ。ご飯はスープの中に入っています。一緒に出てくる唐辛子ダレはスープに入れず、肉にのせて味わって 2 カウンター席のみの店内

豚
テジコムタン
돼지

NYにも進出！
言わずと知れた
行列必至の人気店

伝統家屋と北漢山の大パノラマに感動！

ソウル北の郊外タウン・恩平には、住みながら伝統家屋を保存する目的で作られた恩平韓屋村という居住区があります。ここはコンビニやチェーンカフェもすべて韓屋仕様。時代劇のオー

プンセットのような美しい景観が広がっています。週末に都心からドライブで遊びに来る人も多く、数年前から雰囲気のいい店がポツポツと増え始めました。

なかでも人気なのは韓屋村の入口にある1人1サンです。店舗は5階建てで、各

フロア大きな窓の外にズラリと並ぶ韓屋と雄大な北漢山の壮観がお出迎え。市内中心部から車で約40分と、アクセス良好とは言えませんが、この非日常感は格別。窓外の景色は春夏秋冬いつ訪れても美しく、じんわりと心を潤してくれます。

Best time!
11:30

わざわざ車で40分！
ウンピョン　ハノクマウル
恩平韓屋村 の
絶景カフェへ

1人1サン

1인1상／イリンイルサン

美しい器でモダンなイタリアンを

李氏朝鮮時代に発達した小盤（ソバン）という足つきの膳で食事を提供するレストラン。小盤は専門職人ヨン・ビョンヨン氏のハンドメイドで、器や箸も韓国を代表する作家の作品を使用しています。店名の「1人1サン」は一人一膳の意。「高貴な人へふるまう膳と器で料理を提供し、お客さん一人ひとりを大切にするおもてなしの心を表しています」とオーナーのペ・ユンモクさん。1〜3階のカフェ「1人1ジャン」では、小盤でコーヒーやデザートが楽しめます。

MAP P.173 A-1 ☎02-357-1111 🏠恩平区延西路534 ⏰1〜3・6階カフェ1人1ジャン10:00〜21:00(LO20:30)、4・5階ブランチカフェ1人1サン11:00〜20:00(LO19:00) 🔒月曜(祝日の場合は営業、翌日休業) 📍地下鉄3・6号線ヨンシンネ駅からタクシーで12分[恩平] ※ルーフトップを利用の際は、1階で注文し商品を受け取ったのちに席まで移動を。5階でドリンク＆デザートセットを注文し利用する場合はスタッフが席まで商品を運びます

1 1人1サンは食事のほかに伝統菓子やケーキなどのデザートとドリンクをセットで提供。グレープフルーツエイドとデザートのセットW1万3500ほか（写真はイメージ） 2 パスタなどの洋食とドリンクのセットW2万8000〜（写真はイメージ） 3 5 パノラマビューが広がる5階屋外スペースの別棟 4 韓屋村の奥に北漢山がそびえます

Best time! 12:00

古宮の西に広がるローカルタウン

午後からのんびり
西村（ソチョン）をお散歩

山々に囲まれた古くて新しいエリア

朝鮮時代の王宮・景福宮の西側に広がる西村。路地のあちこちに小さなカフェやショップ、食堂が隠れていて、歩くほどに発見があります。近くに青瓦台（大統領府。現在はその機能が龍山に移転）があることもあり大規模な開発がされず、昔ながらの街並みが残っているのも特徴。ゆったりとした時間が流れていて、散策にぴったりです。

雑貨店もあちこちに

スタートはココから！

OUVERT COFFEE BAR

Ⓑ MAKEFOLIO
メイクポリオ／メイクポルリオ

韓国のいいモノや若手作家の器を扱う

こだわりの宿泊施設をキュレーションするSTAYFOLIOが手掛けるセレクトショップ。韓国の美を表現したフレグランスブランドCHIのディフューザーW3万2000など。

(MAP) P.175 B-1 ☎070-5158-9013 🏠鍾路区紫霞門路9キル17 🕐12:00 〜 18:00、金〜日曜11:00 〜 19:00 🛌月・火曜 🚇地下鉄3号線景福宮駅2番出口から徒歩7分 📷makefolio_official

Ⓐ OUVERT SEOUL
오버트서울／オボトゥソウル

印刷所をリノベした建物も魅力

ソウルに4店舗ある自家焙煎カフェ。クリームカプチーノW7000、クリームとアイスたっぷりのクロワッサンプレートW8500。

(MAP) P.175 B-2 ☎0507-1332-8987 🏠鍾路区弼雲大路3 🕐8:00 〜 22:00、土・日曜10:00 〜 22:00 🛌無休 🚇地下鉄3号線景福宮駅1番出口から徒歩5分 📷ouvert_seoul

⭐ ⭐ ⭐ 西村散策ついでに、油トッポッキが名物の通仁市場（MAP P.175 B-1）に立ち寄るのもおすすめです。

アンドク
안덕／アンドッ

**平壌出身の祖母の味を伝える
以北（北朝鮮）料理専門店**

店名は店主の祖母の名前から。淡泊な餃子スープ・マンドゥグクW1万4000や、青唐辛子の肉詰め揚げ・コチュティギムW1万7700などを提供。
→P.63

永和樓
영화루／ヨンファル

**青瓦台にも愛された
三代続く老舗中華料理店**

創業50年以上。常連客には青瓦台の関係者も多いのだとか。名物の青唐辛子入りコチュカンチャジャンW1万1000、サムソンチャンポンW1万2000。
→P.62

ビューも
抜群！

Ⓓ tea cafe NEST
네스트／ネストゥ

明るい空間と韓国茶に癒される

韓国産のさまざまなお茶を味わえるスタイリッシュなカフェ。小豆とカボチャの果肉をブレンドしたお茶W5500など。ショップも併設。
(MAP) P.175 B-1 ☎010-6537-6550 🏠鍾路区紫霞門路21 5F ⏰11:00 〜22:00(ブランチLO17:00、LO21:30) 🔒無休 🚇地下鉄3号線景福宮駅1番出口から徒歩5分 📷nest.seoul

Ⓒ Ofr. Séoul
오에프알 서울／オエフアルソウル

オリジナルエコバッグも人気

パリに本店を持つアートブックストアで雑貨も充実。カラバリ豊富なエコバッグW2万9000など。2階はセレクトショップ「mirabelle」。
(MAP) P.175 B-1 ☎非公開 🏠鍾路区紫霞門路12ギル11-14 ⏰11:00 〜20:00🔒月曜 🚇地下鉄3号線景福宮駅3番出口から徒歩7分 📷ofrseoul

参鶏湯 の 最愛 は ココ！
サムゲタン

料理ごとに3大名店や5大名店が存在する韓国。
愛のソウル3大○○を（勝手に）発表します！

삼계탕
サムゲタン

丸鶏に高麗人参、もち米、ナツメ、ニンニクなどを詰めて煮込むスープ

最愛 POINT
これはレア！
黒ゴマの濃厚
な参鶏湯

最愛 POINT
エゴマ香る
クリーミーな
スープ♥

ポドウォン参鶏湯 大学路店
포도원삼계탕 대학로점／
ポドウォンサムゲタン テハンノジョム
2色のスープがユニーク！

参鶏湯はトゥルケ（エゴマ）、フギムジャ（黒ゴマ）の2種。穀物ベースのスープがクリーミーで香ばしい！
MAP P.174 D-1 ☎02-743-6541 🏠鍾路区昌慶宮路26キル41-5 🕐11:00〜21:00（LO20:30）🔒無休 📍地下鉄4号線恵化駅3番出口から徒歩4分 [大学路]

手前からトゥルケ参鶏湯W1万6000、フギムジャ参鶏湯W1万6000。鶏は2時間以上苑で、ホロホロの食感

土俗村
토속촌
／トッチョン
1983年創業の有名店
店の前は常に行列！

ホロホロのお肉とこっくり濃厚なスープが絶品の参鶏湯W2万。烏骨鶏の参鶏湯W2万5000もあります。
MAP P.175 B-2 ☎02-737-7444 🏠鍾路区紫霞門路5キル5 🕐10:00〜22:00（LO21:00）🔒無休 📍地下鉄3号線景福宮駅2番出口から徒歩2分 [西村]

1983年創業の言わずと知れた名店

高峰参鶏湯 明洞店
고봉삼계탕 명동점
／コボンサムゲタン ミョンドンジョム
韓方と鶏の旨みを
ギュギュッと濃縮

天然鉱泉水と桑黄（メシマコブ）で煮込んだ薬水桑黄サムゲタンW1万9000。とろみのある黄金スープが美味です！
MAP P.177 B-5 ☎02-756-2300 🏠中区明洞7キル21 2F 🕐10:00〜21:00 🔒無休 📍地下鉄2号線乙支路入口駅6番出口から徒歩3分 [明洞]

まろやかスープがじんわり染みる

⭐⭐⭐ 参鶏湯を食べるときは塩コショウで好みに味を調えて。鶏はほぐして小皿に取り、塩をつけて食べます

手前からキムチチゲW9000、卵焼きのケランマリW1万、辛い豚肉炒めW1万2000

クルタリ食堂 本店
굴다리식당 본점／クルタリシッタン ポンジョム

1970年代から愛され続ける人気店

自家製の熟成キムチと豚肉の前脚にあたる部位を牛骨スープで煮込み、アルミの器で提供。あっさり系ですが、肉が大きく食べ応えがあります。

(MAP)P.173 B-3 ☎02-712-0066 🏠麻浦区セチャン路8-1 ⊕8:00〜22:00(LO21:30) 🔒無休 🚇空港鉄道・地下鉄5・6号線孔徳駅8・9番出口から徒歩3分 [孔徳]

Best time!
12:00

実食！超私的ソウル3大○○
キムチチゲ&

チゲ、チキン、豚足、冷麺など、ここでは、独断と偏見による最

キムチチゲ
김치찌개

熟成キムチを豚肉、豆腐などと煮て作る。自家製キムチが味の決め手！

最愛POINT
ふわふわ食感で優しい味！ナイスアシスト

最愛POINT
酸味と旨みのバランスが絶妙!!

ウンジュジョン
은주정／ウンジュジョン

ニンニクたっぷりがっつり系

具の豚肉やキムチを野菜で巻いて食べるのが特徴。キムチチゲ1人前W1万1000。17時以降はサムギョプサルの注文が必須で、キムチチゲ付きで1人前W1万6000。

(MAP)P.176 E-4 ☎02-2265-4669 🏠中区昌慶宮路8キル32 1〜2F ⊕11:30〜22:00(LO21:00) 🔒日曜 🚇地下鉄2・5号線乙支路4街駅4番出口から徒歩3分 [乙支路]※キムチチゲ、サムギョプサルともに2人前から注文可

ゴロゴロの肉を野菜で包んで

チャンドッテキムチチゲ 清潭店
장독대김치찌개 청담점／チャンドッテキムチチゲ チョンダムジョム

24時間営業で一人ごはんもできる

ほどよく酸味のあるスープが食欲を刺激します。キムチチゲW9000。ラーメン1玉W1000を追加して！

(MAP)P.184 E-1 ☎02-543-7754 🏠江南区島山大路102キル5 ⊕24時間 🔒無休 🚇地下鉄7号線清潭駅13番出口から徒歩9分 [清潭]

芸能人の常連も多数！

左の時刻目盛り: 7 8 9 10 11 **12** 13 14 15 16 17 18 19 20 21 22 23 0 1

乙密台の冷麺の麺は蕎麦粉70％、サツマイモのデンプン粉30％。注文を受けてから製麺をし、すぐに大釜で茹でます。歯で噛み切れるので、ハサミで切らずに食べられます。お好みでカラシを入れて。緑豆チヂミのノクトゥジョンは、平壌冷麺店の定番のサイドメニュー。サクサクの食感です

Best time!
12:00

ツウこそがハマる孤高の一杯。
冷麺マスターに俺はなる！

水冷麺
W1万5000

緑豆チヂミ
W1万2000

冷麺の付け合わせの
薄切り大根

チヂミの付け合わせの
白菜キムチ

乙密台
을밀대／ウルミルデ

平壌冷麺といえばまずはここ！

1971年創業。牛肉や牛骨、長ネギなどの野菜を10時間煮込んだスープを急速冷凍し、熟成。凍ったものを削ったシャリシャリのスープが徐々に溶け、最初と最後で違った味わいが楽しめます。

MAP P.178 F-5 ☎02-717-1922
🏠麻浦区崇文キル24 ⏰11:00〜22:00(LO21:40) 🅰無休 📍地下鉄6号線大興駅2番出口から徒歩8分[大興]

平壌冷麺は2度食べてこそおいしさがわかる！

韓国の冷麺は、蕎麦粉メインの麺の平壌冷麺と、ジャガイモやサツマイモのデンプン麺の咸興冷麺に分けられます。どちらも違ったおいしさがありますが、私たちが推したいのは平壌冷麺！正直に言うと、初めて食べた時の感想は「味がしない…」。ダシを生かして余計なものを入れないスープは、刺激的な味に慣れた舌にはあまりにも優しかったのです。しかし食べ慣れると、その奥にある旨みを感じるように。今では〝1渡韓1平壌冷麺〟を心掛けるほどハマっています。

★ ☆ ☆ スープありの水冷麺は물냉(ムルレン)、辛い混ぜ麺のビビン冷麺は비냉(ピネン)と略します

050

ノクトゥジョン W1万2000

ノクトゥジョンは タレをつけて

あっさりの平壌冷麺（水冷麺）W1万3000

まろやかの平壌冷麺（混ぜ冷麺）W1万3000

チョンイン麺屋 本店
정인면옥 본점／チョンインミョンク ボンジョム

牛ダシ100％の澄んだスープ

1972年創業。水のように透き通ったスープに牛の旨みが濃縮。蕎麦粉75％の麺は香り高く、箸が止まらなくなります。蒸し餃子のマンドゥ W1万2000を一緒にどうぞ。

MAP P.173 A-3 ☎02-2683-2615 🏠永登浦区国会大路76キル10 ◎11:00～15:00、17:00～21:30（LO 21:00）、土・日曜11:00～15:30、17:00～21:00(LO21:30) 🔓無休 ◎地下鉄9号線国会議事堂駅1番出口から徒歩8分[汝矣島]

蕎麦粉100％の平壌冷麺プレミアムW1万5000

韓牛スープの ユクス缶W4000

狎鷗亭麺屋
압구정면옥／アックジョンミョンク

ユニークな演出が光る 2019年オープンの新星

麺を蕎麦粉70％、サツマイモデンプン30％の平壌冷麺と蕎麦粉100％のプレミアムから選べます。韓牛でダシを取る自慢のスープを缶に詰めて販売するなど斬新な取り組みも！

MAP P.185 C-1 ☎02-516-3016 🏠江南区狎鷗亭路30キル16 ◎11:00～21:30(LO20:55) 🔓無休 ◎地下鉄3号線狎鷗亭駅3番出口から徒歩1分[狎鷗亭] ◎ apgujeong_myeon_ok

綾羅島 江南店
능라도 강남점／ヌンラド カンナムジョム

ミシュランのビブグルマンに選出

ソウル郊外の板橋に本店を持ち、2015年オープン。スープは牛と豚、昆布、干しシイタケでダシを取り、深い味わい。冷麺以外にもさまざまな平壌料理が食べられます。

MAP P.184 E-3 ☎02-569-8939 🏠江南区三成路534 ◎11:20～21:30(LO20:50) 🔓無休 ◎地下鉄9号線三成中央駅5番出口から徒歩3分[三成]

薄く切った豚肉がのった平壌冷麺W1万5000

7 8 9 10 11 **12** 13 14 15 16 17 18 19 20 21 22 23 0 1

とろけるワタリガニ！
本場ならではの贅沢ランチ

日本にも韓国料理が食べられるお店はたくさんありますが、本場の専門店でぜひ味わってみてほしいものの一つが、カンジャンケジャン。生のワタリガニを醤油ダレに漬けたもので、トロ〜リとしたカニの甘い身と卵がたまらない！　そのまま身を吸っても、ご飯と一緒にのりで巻いても、甲羅にご飯を入れてカニ味噌と混ぜても絶品で、韓国では"ご飯泥棒"と呼ばれることもあります。

ワタリガニのメスの旬は春〜初夏ですが、この時期にとれたカニを冷凍保存するため、専門店では一年中食べることができます。こちらで紹介する3軒は、カンジャンケジャンはもちろん、一緒に出されるおかずも丁寧に作られたものばかり。ランチとしては値が張りますが、お値段以上の満足感が得られるはずです。

Best time!
12:00

一人でも、みんなでも
とにかく **カンジャンケジャン** が
食べた〜い！

ワタリガニの名産地の
有名店がソウルに進出

一人で気軽に入れる
スタイリッシュなお店

1 カンジャンケジャンと釜炊きご飯1人前W4万7000 **2** ビルの1階 **3** ご飯は器に移し、釜にお湯を入れておこげスープに

1 3 カンジャンケジャンセットW4万。値段は時期により変動し、おかずは日替わり **2** カフェのような店内

花蟹堂 汝矣島店
화해당 여의도점／ファヘダン ヨイドジョム

釜炊きご飯とカニのハーモニー

ワタリガニの名産地・泰安（テアン）に本店を持ち、使用するカニも一番おいしい時期に泰安でとれたもの！

(MAP) P.173 A-3 ☎02-785-4422 🏠永登浦区国会大路62キル15 光復会館1F 3号 🕐11:00〜15:00(LO14:00)、17:00〜21:00(LO19:30) ※完売次第閉店 🚩日・月曜 📍地下鉄9号線国会議事堂駅5番出口から徒歩4分 [汝矣島]

GEBANG SIKDANG
계방식당／ケバンシッタン

伝統的な醤油を用いたまろやかな味

1人前の定食形式でカンジャンケジャンを提供。西海岸の瑞山や珍島でとれた最上級のメスのカニを使う。

(MAP) P.184 D-2 ☎010-8479-1107 🏠江南区宣陵路131キル17 🕐11:30〜15:00(LO14:30)、17:30〜21:00(LO20:30) 🚩日曜 📍地下鉄7号線・水仁・盆唐線江南区庁駅3番出口から徒歩2分 [江南区庁] 📷@gebangsikdang.official

★ ★ ★ カンジャンケジャンのほかに、唐辛子ダレに漬けたヤンニョムケジャンもあり、こちらも美味

カンジャンケジャン定食1人前W4万5000。おかず9種とケランチム（卵蒸し）、ケグッチ（カニとキムチのスープ）、ご飯付き Ⓐ のりで巻いて召し上がれ Ⓑ のりのような海藻のカジメ Ⓒ 香ばしいのり Ⓓ ケグッチ Ⓔ ケランチム

ワタリガニの旨みが
口いっぱいに広がる

Ⓔ Ⓓ Ⓒ Ⓑ Ⓐ

１ 路地にあり、町の食堂といった佇まい **２** 壁には著名人のサインや写真がずらり。席はすべて座敷スタイル

真味食堂
진미식당／ジンミシッタン

予約必須の超人気専門店

メニューはボリューム満点のカンジャンケジャン定食のみ。ランチは1～2週間前、ディナータイムは1カ月前には予約で埋まるので、事前に電話予約を。

(MAP)P.175 A-5 ☎02-3211-4468 ♠麻浦区麻浦大路186-6 ◎12:00～15:30,17:00～20:00,土曜11:00～15:30,17:00～19:00(LO各1時間前)※完売次第閉店 🗓日曜・祝日 ♥地下鉄5号線エオゲ駅4番出口から徒歩4分［エオゲ］

2 生マッコリ

しゅわしゅわ系やフルーツ系も！
よりどりみどり

韓国のお酒といえばマッコリですが、加熱殺菌されていない生マッコリは日本で流通しているものと別モノ。爽やかな風味を楽しんで。

Ⓐ甘酸っぱい五味子を加えたオンジスルドガの五味子マッコリ❷W1万5500Ⓑ慶尚南道・南海にあるタレンイファームの柚子マッコリ❷W4500Ⓒソウル・合井にあるカチ醸造場の延禧梅花❶W1万2000

3 清酒・薬酒って？

日本酒みたいな澄んだお酒。

伝統酒といえばはずせないのが、日本酒と同様の製法で米から造る清酒と、米以外も原料となる薬酒。どちらも澄んでいるのが特徴で多様な種類があります。

Ⓓ麹名人のハン・ヨンソクさんが伝統的な手法で作った麹ともち米が原料の清明酒❶W2万8000Ⓔ甘みが特徴のスルアウォンの京城当夏酒❹W5万5000（レストランでの提供価格）

ソジュにマッコリ、伝統酒…
もっと知りたい！
韓国のお酒のこと

韓国で静かなブームになっている、マッコリなどの伝統酒。若手醸造家が活躍し、味もラベルも洗練されたお酒が増えています！

1 伝統酒テイスティング

楽しく学んで味わえる

無料で伝統酒を試飲できるスポットが誕生。予約制で月替わりの5種を味わえます。詳しくはインスタをチェック！

専門家の解説も！

伝統酒ギャラリー
전통주갤러리／
チョントンジュゲルロリ

300種以上の伝統酒を展示する広報施設

全国各地のマッコリ、果実酒、蒸留酒などさまざまな伝統酒を展示。1日7回、無料の試飲会を開催しています。

MAP P.177 B-1 ☎0507-1406-6220 🏠鍾路区北村路18 🕙10:00～19:00 🈺月曜 🚇地下鉄3号線安国駅2番出口から徒歩2分 ［北村］
📷thesoolgallery

4 クラフトビールも熱い！

名ブルワリーが続々。

2010年代半ば頃から個性的なクラフトビールを造るブルワリーが増加。現在は160以上の醸造所があるのだとか！

ⒻMagpie Brewingの逆走行❷W6000。爽やかなヘレスⒼセンググ醸造のUF BEER❶各W6900。麦の栽培から自社で行っていますⒽホップが香る MysterLee Brewingのイタリアンピルスナー❷W7600ⒾAsh Tree BreweryのBlood Eagle❷W9500。パンチのあるダブルIPA

もうすぐ
完成！

ここで買える、飲める！

❶ **ウリスルダンダン ソウルの森店**
→P.132

❷ **酒流社会**
→P.132

❸ **MINARI**
→P.122

❹ **ウリスルチプ ダラムチ**
→P.93

ホソンセンジョン
→P.25

5 体験クラスも！
マッコリを自分で作る

「ウリスルダンダン ソウルの森店」（P.132）ではマッコリ作り体験クラスを実施（予約制、1人W6万5000）。英語で教えてくれます。

できたては格別！

6 韓国焼酎も多様化！
プレミアムソジュ

ドラマでもおなじみの緑の瓶のソジュは希釈式焼酎、いわゆる甲類焼酎ですが、近年は蒸留式の本格焼酎も人気を集めています。

Ⓙニューヨーク発のtokki sojuホワイト❶W2万4000ⓀアーティストのJay Parkが手掛けたWON SOJU W1万2900。コンビニ「GS25」で購入可

8 こだわりの1本！
韓国発ウイスキー

2020年、京畿道・南楊州に設立された蒸留所から韓国初のシングルモルトウイスキーが誕生！数量限定、一部ボトルショップで取り扱いあり。

KI ONE
W15万9900

Three Societies Distillery
쓰리소사이어티스 증류소／
スリソサイオティス ジュンリュソ
📷 three_societies

7 伝統酒を炭酸で割って
ハイボール風に飲む

韓国で流行しているハイボール。伝統酒を炭酸で割る飲み方も浸透してきました。写真は全羅南道・高興産の柚子酒をハイボール風にした高興柚子ハイボール❸W9000。

9 ソウル駅で買える！
噂のシャンパンマッコリ

シャンパンのような口当たり！と話題の生マッコリ「福順都家」。マッコリが苦手な人も一度試してほしい1本です。

ボクスンダガ ソウル駅店
복순도가 서울역점／
ボクスンダガ ソウルヨクジョム

伝統的な手法を守り蔚山で製造

ソウル駅舎内に位置。冷蔵ケースの中に福順都家のさまざまなマッコリが並びます。天然酵母を利用したスキンケア製品の取り扱いも。
MAP P.175 B-5 ☎0507-1350-3976 🏠龍山区青坡路378 B1F ⏰8:00～22:00 🚪無休 ✈空港鉄道・地下鉄1・4号線・京義・中央線ソウル駅直結 [ソウル駅] 📷 boksoondoga

マッコリのほか焼酎や薬酒も販売しています。ソンマッコリ（右上）、赤米マッコリ（右下）各W1万2000

7
8
9
10
11
12
13
14
15
16
17
18
19
20
21
22
23
0
1

東廟蚤の市
동묘 벼룩시장／トンミョ ピョルッシジャン

ディープ度120%なマーケット

古着、古本、食器に電池。「これ売るの!?」と思うようなガラクタが並ぶカオスな市場ですが、近年はスタイリストやモデルなどおしゃれな若者が訪れるヒップな買い物スポットに。

MAP P.174 F-2 🏠鍾路区鍾路東廟前駅3番出口周辺 ⏰9:00〜18:00頃（店により異なる）🔒無休（店により異なる）📍地下鉄1・6号線東廟前駅3番出口から徒歩1分 [東廟]

古着・
ビンテージ

ファッション好きが
集まります！

Best time!
13:00

古着、食器に子ども服まで！
ローカル市場 で指名買い

さまざまな専門店街やローカル市場が存在するソウル。
欲しいもの別に狙いを定めて出かけましょう！

かわいい
ピンバッジも！

1 ビンテージショップが並ぶ路地もできました **2** ビンテージのピンバッジを扱うお店もあります **3** 山のように並ぶ古着

1 清渓川沿いにある市場。A〜C、Nの4棟に分かれます **2** レースはB棟2階などに売っています

ピアスの
ディスプレイに！

手芸材料・
布地

3 レースの切れ端W1000〜3000 **4** アクセパーツはA〜C棟5階が中心

東大門総合市場
동대문종합시장／トンデムンチョンハッシジャン

アクセサリーパーツがザクザク

手芸素材や生地専門の卸問屋ビル。アクセサリー店の真似をして、ピアスのディスプレイ用に、ここでよくレースの切れ端を買っています。

MAP P.176 F-3 📞02-2262-0114 🏠鍾路区鍾路266 ⏰8:00〜19:00（店により異なる）🔒日曜（第1・3・5日曜は部分営業）📍地下鉄1・4号線東大門駅9番出口から徒歩3分 [東大門]

⭐⭐⭐ 東廟蚤の市のピンバッジはウォンジュ貨幣（원주화폐／ MAP P.174 F-2）で購入しました。

作家モノも売ってる！

食器

南大門市場 D 棟
남대문시장 D동／ナムデムンシジャン Dドン

プチプラ食器から作家メイドまで

南大門市場は韓国ならではの食器を扱う店が多数。D棟3階には韓国の作家が手がける上質な食器や真鍮の器を扱う店などもあります。

MAP P.175 B-4 ☎02-752-2958 🏠中区南大門市場4キル9 大都総合商街 D棟 ⏰8:30〜17:30 🔒日曜 📍地下鉄4号線会賢駅5番出口から徒歩3分［南大門］

ⒶⒷⒸⒹスド商会にてW5000〜1万5000 ⒺⒻⒼ南大門ノッチョンにてW1万3200〜3万3000

子ども服

mama 子ども服
마마아동복／ママアドンボッ

キュートな子ども服がずらり！

南大門には子ども服の卸売ビルがあります。夜のみ営業の卸売が大半ですが、なかには昼から小売をする店もあるのでチェックしてみて。

MAP P.175 B-4 ☎02-752-2773 🏠中区南大門市場8キル2 ⏰9:30〜17:00、22:30〜翌4:00 🔒日曜 📍地下鉄4号線会賢駅6番出口から徒歩2分［南大門］

会賢駅6番出口付近には小売の子ども服店が並ぶ通りが。クマのサマーハットW5000

ここで購入しました

クリスマスグッズなど季節の商品も時期に合わせて登場します

おもちゃ

昌信洞文具・玩具通り
창신동문구완구시장／チャンシンドンムングワングシジャン

童心に返ってワクワク！

小学校の前にあるような文具屋さんやおもちゃ屋さんが集まる通り。卸問屋ですが、小売にも対応しているので観光客も購入できます。

MAP P.174 F-2 ☎02-743-7424 🏠鍾路区鍾路52キル一帯 ⏰9:00〜19:00（店により異なる）🔒無休（店により異なる）📍地下鉄1・6号線東廟前駅6番出口から徒歩1分［東廟］

包装材料・調理道具

芳山総合市場
방산종합시장／パンサンチョンハッシジャン

ハングルのクッキーカッターも！

芳山総合商会A棟の脇には製菓材料やラッピング用品店がずらり。日本からの輸入品も多いですが、韓国らしいものを掘り出すのが楽しい！

MAP P.176 E-4 🏠中区東湖路37キル一帯 ⏰9:00〜18:00、土曜〜15:00（店により異なる）🔒日曜 📍地下鉄2・5号線乙支路4街駅6番出口から徒歩4分［乙支路］

1「よくできました」「賞」と書かれたメダルクッキーが作れるカッター W6000 **2**カップケーキ型W4000

WHITE & BEER　　BUBBLES & JUICE　　ICE CREAM

カフェとしても楽しめる！

Best time!
13:00

欧米バイブに韓国のセンスをミックス
GROCERY STOREが楽しい！

食料品、生活雑貨からファッションアイテムまで、国内外の"ちょっといいもの"を厳選セレクト。スタイリッシュでセンスあふれる韓国式のグローサリーストアへ。

1

1モロッココーヒー W4800、ハイビスカスレモネードW5500 **2**グローサリーは輸入菓子のラインナップ充実 **3**タコピザW2万2000

2

TASTE AND TASTE
聖水フラッグシップ
테이스트앤드테이스트 성수플래그십／テイストゥエンドゥテイストゥ ソンスプルレグシッ

GROCERY×

CAFE & DINING

カジュアルイタリアンとグローサリー

2021年に江南エリアで誕生し、2023年4月に聖水に旗艦店をオープン。店内外に飾られた韓国人アーティストの作品にも注目を。
MAP P.182 E-3 ☎02-463-0577 🏠城東区練武場キル114ガ棟 1F ⏰11:00~23:00(LO21:00) ※14:30~17:30はフード注文不可(ドリンク注文、グローサリーは利用可) 🈳無休 🚇地下鉄2号線聖水駅3番出口から徒歩11分 [聖水] 📷 tasteandtaste.kr

Ⓐ TAT ワインチリングバッグW5900 Ⓑ TATアメイジングラガー W4100 Ⓒ ゴブレットグラスW1万8000 Ⓓ ハイボールグラスW1万3000 Ⓔ GIN MAYO W1万2900 Ⓕ EBE NUTのピーカンナッツW3100

⭐⭐⭐ TASTE AND TASTEはポップアップイベントの開催がさかん。イベントの告知はInstagramをチェック！

注目エリアの新堂洞に！

1 2022年9月オープン。冷蔵庫風の棚に服を陳列!? 緑を基調にした空間がかわいい **2** メキシコのアーティストによるキャラクター Tim Comixのグッズも

PHYPS MART
핍스마트／ピプスマトゥ FASHION

人気アパレルブランドが手掛ける

PHYSICAL EDUCATION DEPARTMENT のセレクトショップ。他ブランドとのコラボ企画も定期的に開催しています。

MAP P.174 F-3 ☎0507-1379-0102 ♠中区退渓路417 ◷12:00～21:00 ♠無休 ♠地下鉄2・6号線新堂駅2番出口から徒歩1分［新堂洞］◎ phyps_mart

オリジナルマスコットキーホルダー各W2万9000 ④ブロッコリー ⑧ベアー ⓒストロベリー

カロスキルに本店があります

NICE WEATHER THE HYUNDAI SEOUL 店
나이스웨더 더현대서울점／ナイスウェドゥ ビョンデソウルジョム GROCERY×

LIFE STYLE GOODS

コンセプトは"新時代のコンビニ"

消費を自己表現の一部と捉えるMZ世代をターゲットに高品質でデザイン性の高いアイテムをセレクト。オリジナル商品も人気。

MAP P.173 A-3 ☎02-3277-0845 ♠永登浦区汝矣大路108 B2F ◷10:30～20:00 ♠不定休 ♠地下鉄5・9号線汝矣島駅3番出口から徒歩10分（地下直結）［汝矣島］◎ niceweather.seoul

南山のすそ野に位置する経理団店は2020年にオープン。カフェも併設 ④⑧フェルトワインバッグ各W1万9800（食器別売り）

LOCAL MARKET

BOMARKET 経理団店
보마켓 경리단점／ボマケッ キョンニダンジョム

2014年に誕生しソウルに5店舗を展開

「人生を美しく有用でおいしくする」がモットー。地域に根ざした店づくりを心がけ、支店ごとに売りや雰囲気が異なるのも魅力。

MAP P.173 C-3 ☎02-792-3380 ♠龍山区綠莎坪大路286 ◷10:00～20:00 ※月～木曜15:00～16:00 フード注文不可（ドリンク注文、グローサリーは利用可）♠無休 ♠地下鉄6号線綠莎坪駅2番出口から徒歩15分［経理団キル］◎ bomarket

059

緑豊かな公園の周りに
流行を生みだす人気店が

90年代からソウルきっての高級エリアとして栄えてきた狎鴎亭。高額な賃料や近隣の芸能事務所の相次ぐ移転により一時は衰退傾向にありましたが、数年前から人気が再熱。現在はかつて栄えた目抜き通りを離れ、島山公園の周辺に店が並び、人気カフェの支店も集まっています。どこも行列必至なので時間に余裕を持って訪れて。

Best time! 13:00

トレンドの発信地として再浮上！

狎鴎亭＆島山公園を ぐるりと巡る
アックジョン　トサン

IN THE **Midday** (11:00-14:00)

話題のカフェがあちこちに

▲ 独立運動家アン・チャンホの功績を称えて作られた市民の憩いの場・島山公園

Ⓑ
London Bagel Museum 島山店
런던 베이글 뮤지엄 도산점／
ロンドン ベイグル ミュジオム トサンジョム

人気ベーグルカフェの2号店

1号店の安国店（P.15）に続いて2022年6月にオープン。こちらの店舗も早朝から店頭に行列が！ Spring Onion pretzel bagel W8500、Jambon butter W8500など。

MAP P.185 C-1 ☎非公開 🏠江南区彦州路168キル33 ◷8:00〜18:00 🔒無休 🚇水仁・盆唐線狎鴎亭ロデオ駅5番出口から徒歩6分 ◉london.bagel. museum

Ⓐ
TONGTONGE
이웃집통이／イウッチッ トントイ

ユニークな焼き菓子と出合えるカフェ

伝統菓子の薬菓（ヤックァ）をのせたクッキー、ホットク味のフィナンシェなど韓国らしい要素をきかせた焼き菓子が人気。薬菓クッキー W4000、フィナンシェ各W3000〜ほか。

MAP P.184 D-1 ☎0507-1313-9286 🏠江南区宣陵路161キル19 ◷10:00 〜 21:30（L.O21:00）🔒無休 🚇水仁・盆唐線狎鴎亭ロデオ駅6番出口から徒歩2分 ◉tongtonge_

☆ ☆ ☆ HOJOKBANはKnotted World（P.89）やMinute Papillon（P.38）を手掛ける飲食企業GFFGの系列店。いずれも狎鴎亭に店舗あり

HOJOKBAN
好族飯
효족반／ホジョッパン

独創的な創作韓国料理が人気

店名は韓国伝統の小型膳、虎足盤（ホジョッパン）から。トリュフオイル香るジャガイモチヂミW1万8000、エゴマ油のまぜそばW1万。
MAP P.185 C-1 ☎0507-1399-3353 🏠江南区彦州路164キル39 ⏰11:30〜21:30(L○21:00) 🈳無休 🚇水仁・盆唐線狎鷗亭ロデオ駅5番出口から徒歩7分 📷 hojokban

Ⓑ ZENZERO 島山
젠제로 도산／ジェンゼロ トサン

ヘルシーで洗練されたジェラートを

江南区庁の人気店の支店で、2023年4月にオープン。イタリアンデリを併設し、ワインとジェラートのペアリングメニューも提供。写真は青のりのような風味の海藻カムテを使ったカムテキャラメル＆リソ（米）のジェラートW7000。
→P.86

テーマパークみたい！

ギャラリーのような雰囲気

Ⓓ WIGGLEWIGGLE 島山フラッグシップストア
위글위글 도산 플래그십스토어／ウィグルウィグル トサン プルレグシッストオ

各フロアに楽しいフォトスポットが

ポップな色合いとデザインで愛される雑貨ブランド。蔦で覆われた4階建ての真っ黒な屋敷の中に色鮮やかなアイテムが並んでいます。
MAP P.185 C-1 ☎0507-1340-2057 🏠江南区彦州路168キル31 ⏰11:00〜20:00 🈳無休 🚇水仁・盆唐線狎鷗亭ロデオ駅5番出口から徒歩7分 📷 wigglewiggle.zip

Ⓒ GENTLE MONSTER HAUS DOSAN
젠틀몬스터 하우스 도산／ジェントゥルモンスト ハウス ドサン

世界65カ所以上にストアを展開

韓国セレブも御用達のグローバルアイウェアブランド。サングラス、写真上からORAH C1 W35万、ROCOCO 01 W33万。アートギャラリーのような空間も楽しんで。
MAP P.185 C-1 ☎070-4128-2122 🏠江南区狎鷗亭路46キル50 MF、2〜3F ⏰11:00〜21:00 🈳無休 🚇水仁・盆唐線狎鷗亭ロデオ駅5番出口から徒歩8分 📷 gentlemonster

エゴマがクリーミー！

黒いソースをからめて

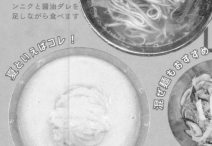

大豆粉入りの手打ち麺

体府洞チャンチチッの トゥルケカルグッス W7500

Ⓐエゴマの実をすりつぶしたまったりとしたスープが特徴。独特な風味で、好きな人はハマります

永和樓の コチュカンチャジャン W1万1000

Ⓑ薄切りの青唐辛子が入った、珍しいピリ辛のチャジャン麺

Ⓑ韓国のチャンポンは辛いのが定番。魚介類の旨みが詰まった海鮮チャンポン

辛い！けどウマい！

永和樓の サムソンチャンポン W1万2000

安東チッ ソンカルグクシの ソングクシ W8000

Ⓓ京東市場の人気店の韓国風うどん。ニンニクと醤油ダレを足しながら食べます

ツルッと手軽に

麺類イロイロ

면류

夏といえばコレ！

混ぜ麺がおすすめ

晋州チッのネンコングッス W1万4000

Ⓒ韓国の夏の麺といえばコングッス。濃厚な豆乳のようなスープでほどよい塩味です

晋州チッのビビングッス W1万1000

Ⓒそうめんのような麺と大根、キュウリを甘酸っぱい唐辛子タレと混ぜ混ぜ。爽やかな辛さです

アンドクの牛肉冷グッス W1万4000

Ⓔ夏季限定の冷麺。透き通った牛肉スープは洗練された味。秋からはおからのスープが登場します

夏季限定！

Ⓓ 安東チッ
ソンカルグクシ
안동집 손칼국시／
アンドンチッ ソンカルグッシ
MAP P.172 D-1 ☎02-965-3948 ♠東大門区髙山子路36キル3 京東市場 新館 B1F ◎10:00〜20:00（LO19:00）ⓐ第2・4日曜 ◎地下鉄1号線祭基洞駅2番出口から徒歩5分 ［祭基洞］

Ⓒ 晋州チッ
진주집／チンジュチッ
MAP P.173 A-4 ☎02-780-6108 ♠永登浦区国際金融路6キル33 汝矣島百貨店 B1F ◎10:00〜20:00、土曜〜19:00 ⓐ日曜・祝日 ◎地下鉄5・9号線汝矣島駅5番出口から徒歩5分 ［汝矣島］

Ⓑ 永和樓
영화루／ヨンファル
MAP P.175 B-2 ☎02-738-1218 ♠鍾路区紫霞門路7キル65 ◎11:00〜15:00（LO14:30）、17:00〜21:00（LO20:10）ⓐ無休 ◎地下鉄3号線景福宮駅2番出口から徒歩9分 ［西村］

Ⓐ 体府洞
チャンチチッ
체부동 잔치집／
チェブドン チャンチチッ
MAP P.175 B-2 ☎02-730-5420 ♠鍾路区紫霞門路1キル16 ◎11:00〜22:30 ⓐ無休 ◎地下鉄3号線景福宮駅2番出口から徒歩1分 ［西村］

오늘은 뭐 먹지?

オヌルン ノ モクチ

手作りのおかずがずらりと並ぶ
目も舌も楽しい韓定食

よ〜く混ぜていただきます

クンキワチッの インサムカルビチム W3万3000

Ⓖ 約10種のおかずがついた韓定食。メイン料理は高麗人参などと牛肉を煮込んだカルビチム

\ あれもこれも食べたい! /

定食 & ビビンバ & マンドゥ

정식 & 비빔밥 & 만두

ボンジュール パッサンの ソゴギプチュビビンバ W1万1000

Ⓕ 牛肉ミンチとニラのビビンバ。醤油ダレをかけてよく混ぜて。ごま油がふんわりと香ります

甘い身がとろける

クンキワチブの カンジャンケジャン W5万3000

Ⓖ 韓定食のメインはワタリガニの醤油漬け。カンジャンケジャンも選べます

アンドクのマンドゥグク W1万4000

Ⓔ 大きな餃子、マンドゥのスープ。薄い皮の中には洗ったキムチや豆腐、牛豚ひき肉がぎっしり

ほんのり辛くて
上品な味わいの透明スープ

安東チッ ソンカルグクシの ビビンバ W8000

Ⓓ ゼンマイなどのナムルが山盛り。コチュジャンを入れて混ぜましょう

ナムルがたっぷり!

Ⓖ **クンキワチッ**

큰기와집
／クンギワチッ

MAP P.177 B-1 ☎02-722-9024 🏠鍾路区北村路22 ⏰11:30〜15:00、17:30〜21:00(LO20:00) 🚫月曜 🚇地下鉄3号線安国駅2番出口から徒歩2分[北村]

Ⓕ **ボンジュール パッサン**

봉쥬르밥상
／ボンジュルパッサン

MAP P.179 C-3 ☎02-337-9850 🏠麻浦区ソンミ山路26キル37 地下101号 ⏰11:30〜14:30、17:00〜21:00、日曜〜20:30 🚫月曜、最終火曜 🚇空港鉄道・地下鉄2号線弘大入口駅3番出口から徒歩7分[弘大]

Ⓔ **アンドク**

안덕／アンドッ

MAP P.175 B-1 ☎02-723-1518 🏠鍾路区紫霞門路17キル18 ⏰11:30〜15:00(LO14:30)、18:00〜21:00(LO20:00)、土・日曜11:30〜15:00(LO14:30)、17:30〜21:00(LO20:00) 🚫月・火曜 🚇地下鉄3号線景福宮駅2番出口から徒歩10分[西村]

MIDDAY TIPS

04-2

話題のセレクトショップから韓屋村まで、日中は買い物も観光も思いっきり満喫！

書店＆図書館

서점&도서관

フォトスポ的に楽しめる
映え書店＆図書館へ

高さ13mの巨大書棚を備えるピョルマダン図書館。店舗の美しさが話題のARC・N・BOOKSなど訪れるだけで楽しいブックスポットが満載。教保文庫は雑貨も多数扱い庫も充実。2019年にオープンした韓国初の公共古本屋ソウル本宝庫、＆ブックカフェ、ソウル本宝庫も注目です。

ピョルマダン図書館 〔図書館〕
별마당도서관／ピョルマダントソグァン
MAP P.184 E-3 ☎02-6002-3031 ♠江南区永東大路513 モール B1～1F ⏰10:30～22:00 休無休 ♥地下鉄2号線三成駅6番出口、地下鉄9号線奉恩寺駅7番出口直結〔三成〕
©Bankrx / Shutterstock.com

ソウル本宝庫 〔古本〕
서울책보고／ソウルチェッポゴ
MAP P.172 F-4 ☎02-6951-4979 ♠松坡区梧琴路1 ⏰11:00～20:00、土～日曜10:00～ 休月曜 ♥地下鉄2号線蚕室ナル駅1番出口から徒歩3分〔蚕室〕

ARC・N・BOOK ロッテワールドモール店 〔書店〕
아크앤북 롯데월드몰점／アクエンブッ ロッテウォルドゥモルジョム
MAP P.172 F-4 ☎02-3213-4490 ♠松坡区オリンピック路300 ロッテワールドモール4F ⏰10:30～22:00 休不定休 ♥地下鉄2・8号線蚕室駅11番出口から徒歩5分〔蚕室〕 ⓘarc.n.book_official

教保文庫 光化門店 〔書店〕
교보문고 광화문점／キョボムンゴ クァンファムンジョム
MAP P.177 A-3 ☎1544-1900 ♠鍾路区鍾路1 B1F ⏰9:30～22:00 休無休 ♥地下鉄5号線光化門駅4番出口直結〔光化門〕

セレクトショップ

편집샵

セレクトショップはALANDが便利。
日本未上陸のH&M姉妹店も楽しい！

韓国のブランドを中心にセレクトするALAND。明洞本店はオリジナルタグのカスタマイズ、アクセサリー、ヴィンテージアイテムまで多種多様な商品がずらり。広大などにも支店があり、店舗ごとに少しずつラインナップが異なります。H&Mの姉妹店＆other storiesは大人ロマンチックでかわいい日本未上陸店。洋服はもちろん、コスメ、ネイル、ボディケアなどビューティー小物のデザインがとっても素敵です！

ボーダーTシャツW3万9000、ピンクTシャツW3万8000、バッグW3万3700ほか

オリジナルのタグも作れる

&other stories
앤아더스토리즈／エンナダストリジュ
MAP P.184 D-1 ☎02-3442-6477 ♠江南区狎鷗亭路342 ⏰11:00～22:00 休無休 ♥水仁・盆唐線狎鷗亭ロデオ駅6番出口から徒歩1分〔狎鷗亭〕

ALAND 明洞本店
에이랜드 명동본점／エイレンドゥ ミョンドンボンジョム
MAP P.177 B-5 ☎02-3210-5900 ♠中区明洞8キル40 ⏰11:00～23:00 休無休 ♥地下鉄4号線明洞駅6番出口から徒歩1分〔明洞〕

Place Archive
 place_archive
Hey POP
 heypop_official

ポップアップ
팝업
期間限定で開催される
ポップアップが大人気

買い物はオンラインが主流の韓国ですが、オフラインにて期間限定で開催されるポップアップが大人気。雑貨、香水、カフェ、コスメブランドからアイドルのイベントまで、毎月たくさん開催されています。渡韓時期が決まったら即チェック！

地下商店街
지하 쇼핑센터
駅直結の商店街に
プチプラアイテムが

ソウルの一部主要駅では、地下鉄駅に直結する通路に小さな店舗が集まり商店街を形成しています。なかでも江南駅はリーズナブルな服を扱う店が多数。現金払いだと割引になる店もあるので現金を準備しておくのがおすすめ。

江南駅地下ショッピングセンター
강남역지하쇼핑센터／
カンナムヨッチハショッピングセント
MAP P.185 C-5 ☎02-553-1898 🏠江南区江南大路地396 江南駅地下ショッピングセンター ⏰9:00～22:00 🔓無休 📍地下鉄2号線・新盆唐線江南駅直結 ［江南］

韓国の無印良品
MUJI
韓国限定販売の
食材や各地の
"いいもの"をおみやげに

韓国の無印良品には、缶入りキムチ、フリーズドライのテンジャングッ（味噌汁）、ご飯にまぜるだけで簡単にビビンバが作れるゴンドゥレ（高麗アザミ）のナムルなど、日本では手に入らないオリジナル商品が。パッケージもかわいくおみやげにぴったりです。江南店には特産物や伝統酒を販売するコーナーや展示スペースもあり、韓国各地の"いいもの"に出合えます。

ゴンドゥレテンジャングッ W5900、シレギナムル、ゴンドゥレナムル 各W3900、缶入りキムチ 各W2900

MUJI 江南店
무지 강남점／
ムジ カンナムジョム
MAP P.185 B-5 ☎02-6203-1291 🏠瑞草区江南大路419 パゴダタワー 1～4F ⏰11:00～22:00 🔓無休 📍地下鉄2号線・新盆唐線江南駅10番出口から徒歩2分 ［江南］ mujikr

韓屋村
한옥마을
美景観の北村と飲食店で賑わう益善洞
ソウルの二大韓屋村を楽しんで

景福宮（P.34）に隣接し、王族や両班（ヤンバン）と呼ばれる貴族階級が暮らしていた北村（プッチョン）には、伝統家屋を保存する美観地区・北村韓屋村があります。家屋が並ぶ高台の路地からはNソウルタワーを望み、フォトスポットとしても人気です。一方、益善洞（イクソンドン）には1920年代に建てられた伝統家屋が密集するソウル最古の韓屋通りる。築100年を超える建物を改装したカフェやショップが集まり、国内外からの観光客で賑わっています。

益善洞韓屋通り
익선동한옥거리／
イクソンドンハノッコリ
MAP P.177 C-2 🏠鍾路区益善洞一帯 📍地下鉄1・3・5番線鍾路3街駅4・6番出口から徒歩1分 ［鍾路］

北村韓屋村
북촌 한옥마을／プッチョン ハノンマウル
MAP P.175 C-1 🏠鍾路区桂洞キル37一帯 📍地下鉄3号線安国駅3番出口から徒歩8分 ［北村］

TONEWORK
튼워크
AI技術で肌トーンを分析し
ファンデをカスタマイズ！

2023年5月に誕生したカスタマイズコスメブランド。AI技術を使って肌トーンを診断し、150の色味から自分にぴったりのファンデーションを作ることができます。AMORE YONGSANにて購入可能。

AMORE YONGSAN
아모레 용산／アモレ ヨンサン
MAP P.181 B-3 ☎02-6040-2557 🏠龍山区漢江大路100 ⏰10:30～19:00 🔓祝日 📍地下鉄4号線新龍山駅2番出口から徒歩1分 ［龍山］ tonework.official

ワッペン専門店「object sangga」（P.90）。カラフルなワッペンとポーチやバックを組み合わせ、オリジナルのアイテムをDIYできます

SEOUL THE BEST TIME

IN THE

Afternoon

14:00 - 17:00

ソウルの街が完全に目覚めるこの時間帯は、コリアンブランドのアイテムを手に入れたり、本屋さんを訪ねたりと大忙し。合間にはかき氷やジェラート、伝統茶で一息ついて。晴れた日には漢江の河辺でピクニックもおすすめです♡

弘大や狎鴎亭エリアなどにも支店
が。南山店は「Komfortabel Nam
san」(P.27)の下の階にあります

Ⓐ5〜6時間香りが持続する軽やかなパフュ
ーム130ml W5万5000 Ⓑハンドウォッシュ
W2万5000 Ⓒ5種の香りがあるシグニチャ
ーパフューム50ml W11万

pick up!

PERFUME

［香水］

GRANHAND. 西村
그랑핸드 서촌／グランヘンドゥ ソチョン

大林美術館からすぐの香り専門店

大林美術館の帰り道、風にのってふんわりいい香りが！
「何だろう？」と元を探り、たどり着いたのがこのお店でし
た。コーラルピンクの一軒家に、オリジナルの香水やサシ
ェ（香り袋）がおしゃれにディスプレイされています。

MAP P.175 B-2 ☎02-333-6525 🏠鍾路区紫霞門路4キル14-2 🕚11:
30〜20:30 🈚無休 🚇地下鉄3号線景福宮駅3番出口から徒歩3分［西
村］⑩granhand_official

Best time!
14:00

いい香りがするオンニになれる!?
韓国仕込みの
フレグランス

韓国のキレイなオンニ（＝お姉さ
ん）は、なんだかみんないい匂い。
凛として柔らかい、憧れの香りを
探しにフレグランス専門店へ！

印字もして
もらえる♥

ディフューザーやマル
チパフュームを購入す
ると、スタンプでラベ
ルに好きな文字を印字
してもらえます

★ ★ ★　焼き肉やコプチャンを食べるとコートが一気に肉の香りに…！そんなときに使えるのがサシェ。現地のクローゼットでも大活躍です

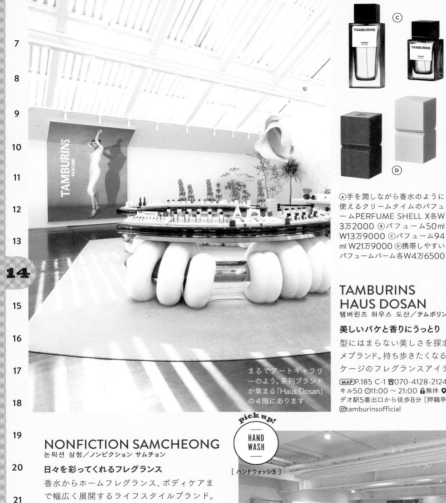

まるでアートギャラリーのよう。系列ブランドが集まる「Haus Dosan」の4階にあります

Ⓐ手を潤しながら香水のように使えるクリームタイプのパフューム PERFUME SHELL X各W3万2000 Ⓑパフューム50ml W13万9000 Ⓒパフューム94ml W21万9000 Ⓓ携帯しやすいパフュームバーム各W4万6500

pick up!
HAND CREAM
［ ハンドクリーム ］

TAMBURINS HAUS DOSAN
탬버린즈 하우스 도산／テムポリンジュ ハウス ドサン

美しいパケと香りにうっとり

型にはまらない美しさを探求する香りのコスメブランド。持ち歩きたくなる、洗練されたパッケージのフレグランスアイテムが揃います。

MAP P.185 C-1 ☎070-4128-2124 🏠江南区狎鴎亭路46キル50 🕚11:00 ～ 21:00 🔒無休 💧水仁・盆唐線狎鴎亭ロデオ駅5番出口から徒歩8分［狎鴎亭］
Ⓐtamburinsofficial

NONFICTION SAMCHEONG
논픽션 삼청／ノンフィクション サムチョン

日々を彩ってくれるフレグランス

香水からホームフレグランスまで幅広く展開するライフスタイルブランド。世界的な調香師とのコラボによる6つの香りは、いずれも日常に溶け込む上質な香り。

MAP P.177 A-1 ☎02-733-4099 🏠鍾路区北村路5キル84 🕚11:00 ～ 20:30 🔒無休 💧地下鉄3号線安国駅1番出口から徒歩10分［三清洞］Ⓐofficial.nonfiction

Ⓐハンドウォッシュ W3万4000 Ⓑ空間をリフレッシュしてくれるルームスプレー W6万5000 ⒸハンドクリームW2万3000 Ⓓパフューム100ml W15万8000

pick up!
HAND WASH
［ ハンドウォッシュ ］

2フロアからなる三清の店舗。ほかに漢南や釜山に店舗があり、日本公式オンラインサイトもあります

日常で使い続けたい
すっと手になじむ器たち

ソウルの旅の思い出を
器とともに持ち帰って

割れずに持ち帰ることができるか心配になりながらも、ついつい欲しくなってしまう器の類い。暮らしの中で長く使うものだから旅の思い出をずっと残しておけるような気がして、少しずつ買い集めています。こちらで紹介するのは、そ

れぞれ魅力の異なる3つのショールーム兼ショップとセレクトショップ。日本からネットで購入できるものもありますが、実際に手に取って質感や大きさを感じられるのが実店舗のいいところです。ずっと使いたくなるテーブルウェアを探しに、お店を訪ねてみてはいかがですか？

NR CERAMICS
엔알세라믹스／エンアルセラミクス

やわらかな曲線と色味が魅力

イ・ヌリさんによる陶器ブランド。自然界からインスピレーションを得た曲線や非対称なデザインが特徴で、いつもの料理を格上げしてくれるモダンな器やカトラリーが揃います。

MAP P.177 B-2　☎0507-1405-7762　🏠鍾路区仁寺洞キル53-1 2F　🕐13:00 ~ 19:00　🔒日~水曜　📍地下鉄3号線安国駅6番出口から徒歩2分 [仁寺洞]　📷 nr_ceramics

自然の石にあるような色を採用しているそう Ⓐ Pebble Plate S W1万8000 Ⓑ Dessert Plate W2万5000 Ⓒ Soup Bowl W3万 Ⓓ 伝統工芸である螺鈿細工のスプーンとフォーク、雲のような形がユニークなスプーン各W1万2000

☆ ☆ ☆ LOFA SEOULはビルの5階に位置していますが、エレベーターがありません。階段を上る覚悟を…！

一つ一つ表情が異なる
ハンドメイドの作品

Ⓐ OVAL PT.M W5万5000 Ⓑ MONUMENT SQUARE W5万5000 Ⓒ LALA W5万5000 Ⓓ インセンスホルダーのROCKING HORSE W3万 Ⓔ ジャファさんの愛猫ジェジェがモチーフのインセンスホルダー、ZEZE MONSTER W4万。売り上げの一部が野良猫支援に寄付されます

OJACRAFT
오자크래프트／オジャクレプトゥ

愛猫がモチーフのアイテムも人気
日本や台湾でも展示会を行っている陶器作家オジャさんのショールーム。ビンテージな風合いを感じさせるアイテムの数々はオブジェにしても素敵です。

MAP P.179 C-2 ☎070-7788-7232 🏠麻浦区ソンミ山路29キル42 2F ⏰13:00～19:00 🏠月・火曜 📍空港鉄道・地下鉄2号線弘大入口駅3番出口から徒歩14分［延南洞］
📷 ojacraft

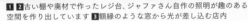
１ ２古い棚や廃材で作ったレジ台、ジャファさん自作の照明が趣のある空間を作り出しています ３額縁のような窓から光が差し込む店内

OMG ceramicの8bowl W3万

POY ceramicsの マグ＆プレートW2万4000

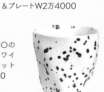
2D STUDIOの陶器製ミニワイングラスセットW3万9000

LOFA SEOUL
로파 서울／ロパ ソウル

注目の作家を紹介するセレクトショップ
国内外の作家によるオブジェやアクセサリーなど幅広いアイテムをキュレーション。商品は月1回のペースで入れ替わります。
→P.79

OMG ceramicのWavelvet cup W3万2000

さまざまな作家の
個性的な器に出合える

バラエティに富んだ棚は眺めているだけで楽しい！

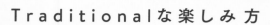

Traditionalな楽しみ方

信地・聖水。それぞれの場所、スタイルで韓国茶体験を。

2

Traditional 전통
韓屋
×
伝統茶

3

3　1

IN THE
Afternoon (14:00-17:00)

---

1 5つの味(甘、酸、辛、塩、苦)を持つといわれる五味子(オミジャ)とイチゴを漬けて作るアイス花茶W8000。氷がとけると中から花が出てきます **2** 築100年を超える韓屋を改築 **3** 色とりどりの花をブレンドした百花茶W1万1000

Ⓑ

🌸 **お茶うけはコレ!**

Ⓐお米でできた軽い食感の伝統菓子、韓菓(ハングァ)W4000 Ⓑカボチャの蒸し餅W1万

Ⓐ

伝統茶カフェの
チャマシヌントゥルで
美しい花茶と韓屋にうっとり

「お茶を飲む庭」という意味の店名通り、中庭をぐるりと囲む韓屋を改築した美しいカフェ。趣ある空間で伝統茶が味わえます。三清洞の高台に位置し、窓外には北漢山と仁王山の壮観な山並みが。

차마시는뜰／チャマシヌントゥル
[MAP] P.175 C-1 ☎02-722-7006 ⌂鍾路区北村路11ナキル26 ⏰12:00〜21:00、土・日曜11:00〜 ⛌月曜 🚇地下鉄3号線安国駅1番出口から徒歩13分［三清洞］◎cha.teul

---

☆ ☆ ☆ 韓国の伝統茶は茶葉だけでなく果実漬けや穀類を使ったものが多いのも特徴。日本との違いを楽しんで

072

New 뉴스타일
カジュアルカフェ
×
茶葉

14
15
16
17
18
19

3

茶葉にこだわる

Magpie&Tiger聖水ティールーム の優しいお茶でホッとひと息

韓国有数の茶葉の産地・河東郡の契約農家から仕入れるチェクサル茶（紅茶）やヨモギ茶を中心に、東アジアのお茶をラインナップ。ビル群を望む全面ガラス張りの開放感あふれる空間にも癒されます。

맥파이앤타이거 성수티룸
／メグパイエンタイゴ ソンスティルム

(MAP)P.179 C-2 ☎0507-1306
-1629 ⋒城東区聖水2路97 5F
⊙12:00～21:30 ⊗月曜 ⋒地下鉄2号線聖水駅3番出口から徒歩1分 [聖水]
@magpie.and.tiger

＼ お茶うけはコレ！／

ⒶヨモギラテW6800。
牛乳を豆乳に変更可能
Ⓑ左から、プレーン、小豆＆抹茶のバスクチーズケーキ各W7800

Ⓐ

1新沙には予約制の店舗も。聖水はより気軽にお茶を楽しめるよう全席電源完備の普段使いしやすい空間を心がけたそう **2**オーナーのキム・セミさん **3**河東ヨモギ茶W8000、雲南紅茶パウンドW5300 **4**ビルの5階に位置。屋上にはテラス席も

Ⓑ

4

Best time!
14:00
訪れるだけでハッピーに
なれる独立書店
本屋さんが
大好きすぎる！

言葉の壁を超え楽しめる
個性豊かな独立書店

ソウルにはリトルプレスを
扱う小さな書店がたくさんあ
ります。オーナーの好みや哲
学を反映した選りすぐりが並
ぶ空間は、どこも個性的かつ
魅力的。本との出合いはもち
ろん、書店で過ごすこと自体
が楽しくて、何度も足を運ん
でしまいます。なかでもTHAN
KS BOOKSとyour-mindは韓
国のリトルプレスを知るきっ
かけをくれたとっておきのお
店。各店ビジュアルメインで楽
しめる本も充実しているので、
韓国語ができなくても満喫で
きるはず。

Ⓐ THANKS BOOKS
땡스북스／テンスブックス

デザイナーとしても活躍するイ・ギソプさんが
2011年に立ち上げた書店。"地域に住む人が好
きな本"をテーマにキュレーションし、美術書、
文芸書、ZINEなど多彩なジャンルを扱います。

MAP P.179 C-5 ☎02-325-0321 ♠麻浦区楊花路6キル
57-6 ⏰12:00 〜 21:00 🏠無休 ♀地下鉄2・6号線合井駅5
番出口から徒歩5分［合井］ⓞthanksbooks

本が並ぶカウンターはオーナーが立ち読みしやすい高さ
に設計①ピンバッジW5000②THANKS BOOKSの10周
年を記念したエッセイW1万3500③テーマに沿ってさま
ざまな写真家にフィーチャーするVOSTOK W1万7000

ピョルチェップロッ
Ⓑ 별책부록
／ピョルチェップロッ

店名は「別冊付録」という意味。写真集やアート系の本が多く、韓国語が読めなくても親しみやすい一軒。トートバッグや文具の販売も。

MAP P.173 C-3 ☎070-4007-6690 🏠龍山区新興路16キル7 ⏰13:30～19:30、土・日曜～18:00 🔒月曜 📍地下鉄6号線緑莎坪駅2番出口から徒歩19分 [解放村] ⓞbyeolcheck

小さいけれど種類豊富

Ⓑ

①2017～2020年のソウルを記録した写真集W2万②ソウルオリンピックのデザインやモチーフを特集『88 Seoul』W2万③動物との暮らしや共存をテーマにした雑誌『Mellow』W1万7000

Ⓒ

①韓国の洋食店を巡るフードコミックエッセイW1万6000②黒猫モーのイラスト＆ストーリーブック『Mo Story』W2万2000③韓国家庭料理のレシピW2万8000

Ⓒ your-mind
유어마인드／ユオマインドゥ

独立書店の先駆け

2009年にオンラインからスタートした書店兼出版社。2017年に弘大から延禧洞に移転。カフェやアパレルが入る一軒家タイプの複合ショップの2階にお店があります。

MAP P.178 D-1 ☎070-8821-8990 🏠西大門区延禧路11ラキル10-6 2F ⏰13:00～20:00 🔒火曜 📍空港鉄道・地下鉄2号線弘大入口駅3番出口から徒歩20分またはタクシー9分 [延禧洞] ⓞyour_mind_com

カフェで一式レンタルして
漢江で ピクニック

気候の穏やかな春や秋は、漢江ほとりでの
んびり。おしゃれなピクニックセットがレ
ンタルできるサービスも増えてます。

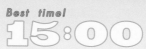

IN THE
Afternoon
(14:00-17:00)

1 2 サンドイッチやドリンクが付くCafé ba
sique（P.77）のunique set B type 2名W3
万3000 **3** パラソル付きのテーブル席も **4**
BHCチキンの店舗やコンビニも

トゥクソム漢江公園
뚝섬한강공원／トゥッソムハンガンコンウォン

聖水の近くでピクニックするなら
蚕室公園と永東大橋の間に広が
るソウル東部の漢江公園。屋外
プールやクライミングウォール、
円筒状の複合展望施設などがあ
り、老若男女で賑わっています。
MAP P.182 F-5 🏠 広津区江辺北路139
⊙24時間 🔒無休 🚇地下鉄7号線トゥクソ
ム遊園地駅2番出口から徒歩1分 [聖水]

ラーメンのため
に行列が！

Picnic Point
- ☑ 人気の聖水エリアからアクセス良好
- ☑ 川沿いにも木陰が多く涼みやすい
- ☑ 近隣で"おしゃピク"セットをレンタル

⭐ ⭐ ⭐ イス付きのピクニックセットはカートで運びますが、重いので注意。移動の際は車に気をつけて！

Café basique

카페 베이지크／カペ ベイジク

本格ピクニックセットをレンタル

BHCチキンやコンビニがあるトゥクソム漢江公園のメインエリアから徒歩10分。ピクニックセットはタイプごとに小物や装備の内容が異なり、2名W1万6000〜。

MAP P.182 E-4 ☎0507-1351-9020 🏠広津区トゥクソム路24キル21 🕚11:00〜20:00 🔒隔週日曜 📍地下鉄7号線トゥクソム遊園地駅1番出口から徒歩9分［トゥクソム］ Ⓞ cafe_basique

好みのタオルや造花を選んで

ピクニックセットはDMやカカオチャンネル(Instagramのプロフィールにリンクあり)から要予約。利用日時と希望の内容を伝えましょう。ドリンク、敷物、カゴなどのみのシンプルなセットもあります

お湯が注がれ調理スタート

漢江ラーメンに挑戦！

コンビニで袋麺を購入し、その場で調理して食べられます

敷物やテントは公園内の施設でもレンタルできますが装備は簡易。おしゃピク派はトゥクソム漢江公園がおすすめです

Picnic Point
- ☑ 対岸にNソウルタワーが見える
- ☑ 日陰が少なく本格テント利用者多め
- ☑ ドラマでおなじみのロケ地も

汝矣島漢江公園

여의도한강공원／ヨイドハンガンコンウォン

対岸にソウルタワーを望む市民公園

漢江沿いにある公園の中でも特に人気なのがココ。春は桜祭り、夏はナイトマーケット、秋は花火、冬はソリ場と季節ごとに賑わいます。

MAP P.173 A-3 🏠永登浦区汝矣東路330 🕚24時間 🔓無休 📍地下鉄5号線汝矣ナル駅3番出口から徒歩2分［汝矣島］

Best time!

15:00

あの大企業の社屋も！

龍山（ヨンサン）のマストスポットをチェック！

ここ数年でショップやカフェが続々オープン

今、盛り上がりを見せているのが地下鉄4号線新龍山駅〜三角地駅周辺。BTSが所属するHYBEの社屋があり、ファンにもおなじみのエリアです。地名をもじり「龍理団（ヨンリ）キル（ダン）」と呼ばれる通りを中心に個性的な店が並んでいます。

写真をテーマにセレクト Ⓑ

イギリスの建築家が設計 Ⓐ

Ⓑ

Ⓑ pixel per inch
픽셀 퍼 인치／ピクセル パ インチ

日常の解像度を高めてくれる独立書店
韓国の写真家による写真集や古いフィルムを使ったキーリングなど写真をテーマにした雑貨と出版物を扱うお店。コースター、カード各W3500、nu thanksキーリングW2万5000。

MAP P.181 C-2 ☎010-8589-7403 ⌂龍山区漢江大路54キル7 301号 ◎13:00 〜19:00、土・日曜13:00 〜19:30 ◎月曜 地下鉄4・6号線三角地駅3番出口から徒歩1分 ◎pixel.per.inch

Ⓐ AMORE PACIFIC 本社
아모레퍼시픽 본사／アモレパシピッ ポンサ

美術館、カフェ、コスメショップも！
大手コスメ会社の社屋ですが、3階までを一般客に開放。2階のショップでは同社の34ブランドを試して購入できます。

MAP P.181 B-3 ☎02-6040-2557(AMORE YONGSAN) ⌂龍山区漢江大路100 ◎10:30 〜19:00(AMORE YONGSAN) ⌂無休 ◎地下鉄4号線新龍山駅2番出口から徒歩1分

⭐⭐⭐ 夢炭は予約不可。午前11時から順番待ちリストの受付が始まるので、当日できるだけ早く店に行きましょう

⒟ 夢炭
몽탄／モンタン

待つ価値あり！の絶品牛焼肉

3時間待ちは基本の超人気店。藁で下焼きした大きな骨付き牛カルビ、ウデカルビ1人前W3万2000（注文は2人前〜）が名物。
→P.135

⒞ LOFA SEOUL
로파 서울／ロパ ソウル

国内外の作家による一味違うアイテム

ユニークなオブジェやテーブルウェアなどが並ぶセレクトショップ。マグネット各W1万3000など。同じビルの4階には系列のカフェが。

MAP P.181 A-5 ☎0507-1329-9843 🏠龍山区漢江大路7キル10-11 5F ⏰13:00 〜 18:00、土・日曜12:00 〜 19:00 🔒月・火曜 🚊京義・中央線・地下鉄1号線龍山駅1番出口、地下鉄4号線新龍山駅3番出口から徒歩10分 📷@lofa_seoul

FURRRRR-PECT
JUMP2023

100年超えの建物をリノベ

本格ベイクでおやつタイム

Travertine
트래버틴／トゥレボティン

古い一軒家をリノベーションしてカフェに

デンマークの有名ロースター「La Cabra」のコーヒー豆を使い、約6種のハンドドリップコーヒーや自家製スイーツを提供。フィルターブリュー W6800 〜。

MAP P.181 A-4 ☎070-8862-6003 🏠龍山区漢江大路7キル18-7 ⏰12:00 〜 20:30(LO20:00)、土・日曜10:00 〜 22:00(LO21:30) 🔓無休 🚊京義・中央線・地下鉄1号線龍山駅1番出口から徒歩9分 📷@travertine_cafe

⒠ SCOFF 三角地店
스코프 삼각지점／スコプ サムガッチジョム

ゆったりとしたカフェスペースもあり

付岩洞の人気ベイクショップが支店をオープン。イギリス人オーナーの本格的なベイクが味わえます。オレンジバニラケーキW5000、バタークランブルクリームラテW7000。

MAP P.181 C-2 ☎070-8822-1739 🏠龍山区漢江大路62キル45-17 1 〜 2F ⏰11:00 〜 20:00、土・日曜10:00 〜 21:00 🔓無休 🚊地下鉄4・6号線三角地駅3番出口から徒歩5分 📷@scoffbakehouse

7 8 9 10 11 12 13 14 **15** 16 17 18 19 20 21 22 23 0 1

▶▶韓方医×インテリアデザイナー

EATH Library
이스라이브러리／イスライブラリ

韓方医が監修する自然派ブランド。伝統的な韓方医学をもとに天然成分を使ったスキンケア商品やハンドウォッシュなどを展開。

MAP P.185 B-2 ☎0507-1377-7002 🏠江南区島山大路17キル31 🕚11:00〜19:30 🔒無休 🚇地下鉄3号線・新盆唐線新沙駅8番出口から徒歩10分 [카로스킬] @ eathlibrary_official

インテリアデザイナーによる洗練されたパケも特徴。ⒶAdvanced Nourishing TonerW4万8000 ⒷActive SerumW11万 ⒸLight Concentration CreamW4万8000

Best time!
15:00

オフラインならではの世界観を堪能
美しすぎる
Kビューティーショールーム

ブランドの世界観を表したこだわりの空間で、商品を実際に手に取れるショールーム。厳選5ブランドをご紹介！

▶▶ブランドをイメージしたティーカフェ

TEAFFERENCE SEOUL
티퍼런스서울／ティポロンスソウル

抗酸化作用を持つパープルティーに着目した、ISOIのスキンケアシリーズ「TEAFFERENCE」がテーマ。カフェだけの利用も可。

MAP P.177 C-2 ☎02-745-1501 🏠鍾路区敦化門路61 🕚11:00〜22:00 🔒無休 🚇地下鉄1・3・5号線鍾路3街駅6・7番出口から徒歩2分 [鍾路3街] @ teafference_official

アントシアニン豊富なパープルティーW6000

1 1階がカフェ。パープルティーのほか、各種ブレンドティーやチーズケーキも提供 **2** アート作品もあちこちに **3** 2階はISOIの商品が試せるショップスペース。開放的なテラスもあります

▶▶AMOREブランドが大集合！

AMORE 聖水
아모레 성수／アモレ ソンス

韓国を代表する化粧品メーカー、AMORE PACIFICのショールーム。自動車整備工場をリノベした趣ある空間で、約1600種の商品を試すことができます。

MAP P.182 D-2 ☎02-469-8600 ♠城東区峨嵯山路11キル7 ⏰10:30〜20:30 ♠月曜 ♠地下鉄2号線聖水駅2番出口から徒歩3分 [聖水] ⒪ amore_seongsu

1 気になるコスメを気兼ねなく試せるのがうれしい！ **2** 済州島の原生林をイメージした中庭 **3** 建物自体もおしゃれ **4** メイクを落とせるクレンジングスペースもあります

肌トーンに合わせてコスメをカスタマイズできる「TONEWORK」（P.65）のリップも購入可。ヴィーガン365＋リキッドリップスティック（4.5g）W3万台

▶▶発色鮮やかなヴィーガンブランド

AMUSE 漢南ショールーム
어뮤즈 한남 쇼룸／オミュジュ ハンナム ショルム

AMUSE初のフラッグシップストアで、全商品を試すことができます。ヴィーガンコスメらしく植物や花があちこちに飾られた、ポップな空間も魅力。

MAP P.180 E-3 ☎02-796-2527 ♠龍山区梨泰院路55ガキル49 3F ⏰11:00〜20:00 ♠無休 ♠地下鉄6号線漢江鎮駅1番出口から徒歩8分 [漢南洞] ⒪ amuse.jp

ショールームのオープンを記念して生まれた「シューベルベットティント」の限定色ハンナムローズW2万

Ⓐシルキー肌に仕上がるクッションW3万4000 Ⓑべたつかないのに潤うリキッドグロウW1万9000 Ⓒテクスチャーの異なる2色が入ったチーク各W2万9000

▶▶ムーディーなトーンが話題

hince 漢南
힌스 한남／ヒンス ハンナム

日本でも大人気のhinceのフラッグシップストア。全商品が並び、購入すると漢南店限定のギフトバッグに入れてくれます。

MAP P.180 E-3 ☎02-2135-3031 ♠龍山区梨泰院路49キル14-2 ⏰11:00〜20:00 ♠無休 ♠地下鉄6号線漢江鎮駅1番出口から徒歩7分 [漢南洞] ⒪ hince_official

Maison kitty bunny pony Seoul

메종 키티버니포니 서울／
メジョン キティボニボニ ソウル

テキスタイル

韓国発のテキスタイルといえばここ！

2008年創業のテキスタイルブランドのショールーム兼ショップ。バッグやポーチ、クッションカバー、寝具、カーテンなど幅広いファブリック製品を販売しています。

MAP P.179 B-4 ☎02-322-0290 🏠麻浦区ワールドカップ5キル33-16 🕚11:00～19:00 🔒月曜 🚇地下鉄2・6号線合井駅8番出口から徒歩6分［合井］

📷 kittybunnypony

❶クッションカバーはW2万～3万程度**❷**ブランドを代表するウサギ柄のアイテムも多数。巾着ポーチW1万6000など**❸**ベッドカバーや枕カバーも**❹**一軒家を改築した落ち着いた空間

本場で仕入れておうちをかわいく！

韓国 インテリア & キッチン雑貨

インテリアの分野でも注目を集める韓国発のブランドやショップをチェック！

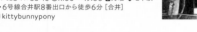

一番人気のハッピーバースデープレート各W3万8000（上）。1枚ずつ微妙にデザインの表情が異なるのは手描きならではの魅力です。絵柄が繊細なので洗う際は要注意。食洗機使用不可

JANE MARCH MAISON

제인마치메종／ジェインマチメジョン

食器

まるでパリ!?なライフスタイルショップ

トリコロールカラーやParisモチーフなどフレンチムードなオリジナルデザインの食器が人気。マグカップ（小）W3万8000ほか。

MAP P.183 C-3 ☎02-547-3217 🏠城東区聖水1路3キル8 🕚11:00～18:00、日曜12:00～ 🔒不定休（Instagramで告知）🚇水仁・盆唐線ソウルの森駅2番出口から徒歩6分［聖水］

📷 janemarch_maison

7

8

9

10

12

13

15

16

17

18

19

20

21

22

Pola at Home
폴라앳홈／ポラエッホム

使いやすくてかわいい食器を探すなら

何を盛ってもさまになる、シンプルながらも遊び心が光る食器がいっぱい。韓国らしい箸とスプーンはおみやげにもおすすめ。
MAP P.183 C-1 ☎02-466-2026 🏠城東区聖水1路10キル11 ⏰12:00〜18:30、土曜14:00〜18:30 🔒日曜 🚇地下鉄2号線聖水駅1番出口から徒歩7分[聖水] 📷polaathome_store

Ⓐ昔ながらのメラミン食器をおしゃれな色合いに。ボウルW6500ⒷツインプレートW7500Ⓒプレート22cmW1万500Ⓓスプーンと箸のセットW1万1000Ⓔ小皿セットW2万9900

Best time!
15 :00

Ⓐソックスブランドsocks appealとコラボした厚手の靴下各W1万4000ⒷヴィンテージのキーホルダーやピンバッジW1万ほか

Samuelsmalls
사무엘스몰즈／サムエルスモルジュ

見ているだけで楽しい！

ミッドセンチュリー家具やヴィンテージが中心のセレクトショップ。倉庫のような場所にあり、宝探しみたいなワクワク感も！
MAP P.182 D-2 ☎0507-1351-3937 🏠城東区練武場5ガキル25 SKV1タワー B107号 ⏰11:00〜18:00、日曜13:00〜18:30 🔒無休 🚇地下鉄2号線聖水駅3番出口から徒歩2分[聖水] 📷samuel_smalls_

23

0

1

1韓国発のペット用品ブランドFRESH PLUSHのおもちゃや、スペインのソックスブランドEat My Socksの靴下が壁一面に！**2**ポップなアイテムがたくさん **3**ヴィンテージの映画のポスターも販売

083

Best time! 15:00

運命のアイテムに出合える

韓国雑貨
セレクトショップ3選

オーナーの哲学と愛がつまった
ユニークなセレクトショップへ！

IN THE **Afternoon** (14:00-17:00)

One More Bag
원모어백／ウォンモオベッ

かわいいバッグと雑貨の天国！

トートやポーチなど、布製のバッグをメインに扱うセレクトショップ。オンライン専門ブランドのアイテムもゲットできるありがたいお店です。文具や雑貨など韓国を中心としたクリエイターのグッズも販売。

バッグ
雑貨・文具
& more

MAP P.175 B-2 ☎070-7768-8990 🏠鍾路区弼雲大路6-1 2F ⏰12:00～19:00 🔒火曜 📍地下鉄3号線景福宮駅1番出口から徒歩5分［西村］
@onemorebagkr

→♡ plot·onemorebag

Ⓐチェゴシムのステッカー各W800 Ⓑhand in gloveのスマホグリップ各W1万2万1000 ⒸGoody BuddyのマグW2万1000 Ⓓae shoongのマグW1万6000 Ⓔhozumiのキーホルダー各W1万4800 ⒻhozumiのポーチW3万 Ⓖovuni W3万3000 ⒽふかふかスタジオW2万3000 Ⓘminmin W2万5000 Ⓙnot the Same studio W3万 ⓀESTODUS W4万2000 Ⓛbright room.の置物各W1万2000

⭐⭐⭐ objectは日本にも進出！ 2023年4月、名古屋に日本1号店がオープンしました

1 3 2020年にpiknic（P.41）内のショップから現店舗に移転 2 取材時は人気クリエイターSTEADINARY（お店の元スタッフだそう！）のポップアップが開催されていました

KioskKiosk
키오스키오스크／キオスクキオスク

<small>雑貨・文具 陶器・バッグ ＆ more</small>

グラフィックデザイナーのオーナーが厳選

「毎日を楽しくする身近なクリエイターやブランドを紹介する店」をテーマにオーナーがアイテムをセレクト。文具、バッグ、陶器からリトルプレスまで1000点を超えるよりすぐりが揃います。

MAP P.183 B-2 ☎070-7700-0626 ♠城東区ソウルの森2キル18-14 2F ⏰12:30～19:30、日曜12:00～19:00 🛌月曜 ⚑水仁・盆唐線ソウルの森駅5番出口から徒歩9分 ［ソウルの森］ @ kioskkioskshop

Ⓐ Red VelvetのMVの衣装制作を担当したTIRORISOFTのミニトイランプW5万5000 Ⓑ bright room.の箸置き各W1万 Ⓒ モビール作家オ・シヨンのキーチャームW1万7000 Ⓓ 同じくキーチャームW7000 Ⓔ A PEACE OF APPLEのミニラグ各W5万5000

object 西橋店
오브젝트 서교점／オブジェクトゥ ソギョジョム

<small>雑貨・文具 ポップアップ ＆ more</small>

3階建ての建物にアイテムがずらり

ローカルアーティストのグッズを扱うセレクトショップの先駆け的存在。三清洞、ソウルの森、釜山などにも支店があります。

MAP P.178 D-4 ☎02-3144-7738 ♠麻浦区臥牛山路35キル13 ⏰12:00～21:00 🛌無休 ⚑空港鉄道・地下鉄2号線弘大入口駅7番出口から徒歩4分 ［弘大］ @ insideobject

Ⓐ SOSO STUDIO SOSO FACE ポーチBLACK W1万8000 Ⓑ Ⓒ 人気イラストレーターチェゴシムのキャラクターポーチ各W2万2000 Ⓓ リンゴの皮のようなデザインのzagneマスキングテープW8300 Ⓔ チェゴシムお守り100種セットW4万8000。「忘れたことを思い出す」「筋肉最高」「正解だけが見える」などクスッと笑えるメッセージが描かれたカード100枚入り

Best time!
15:00

暑い日も寒い日も食べたい！
ひんやり幸せ
ピンス＆ジェラート

優しい甘さのミルクピンスW7900。餅と小豆は別の器で提供され、自分でミルク氷に盛り付けます

\ 韓国といえば /

ピンス

韓国では小豆とお餅がのったかき氷、パッピンスがポピュラー。食べ飽きない素朴な味が魅力！

甘酸っぱい自家製イチゴシロップをかけた生イチゴW1万5000（1人前）

季節限定メニューも。キンカン×ハチミツヨーグルトW1万2000（1人前）

付岩洞に本店があります

小豆W1万（1人前）。氷の上のきな粉とふっくらした大粒のあんこが氷とベストマッチ

Ⓒ ZENZERO 島山
젠제로 도산／ジェンジェロ トサン

ワインとのペアリングが楽しい

イタリアンデリと店舗を共有し、グラスワインとともに楽しむガストロノミックジェラートメニューを提供。

MAP P.185 C-1 ☎0507-1447-1416 🏠江南区島山大路45キル18-2 B1F 🕛12:00～21:00 🈺無休 🚇水仁・盆唐線狎鷗亭ロデオ駅5番出口から徒歩10分 [狎鷗亭] 📷 zenzero.seoul

Ⓑ プビン 北村店
부빙 북촌점／プビン プッチョンジョム

ハーフサイズの一人用セットも

留学時に日本のかき氷のおいしさにハマった姉妹が開店。旬の果物や野菜を使ったピンスを約10種提供。

MAP P.177 B-1 ☎02-747-8288 🏠鍾路区北村路7キル3-4 🕛13:00～18:00（LO17:30）🈺月曜 🚇地下鉄3号線景福宮駅2番出口から徒歩5分 [北村] 📷 ice_boobing

Ⓐ ホミルパッ
호밀밭／ホミルパッ

学生街で長年愛されるピンス

新村と梨大の間にある専門店。スタンダードなミルクピンスのほかに緑茶やコーヒー味のピンスも。

MAP P.178 E-3 ☎02-392-5345 🏠西大門区新村駅路43 🕛12:00～22:00（LO21:30）🈺無休 🚇地下鉄2号線新村駅3番出口から徒歩9分 [新村]

☆ ☆ ☆ 高級ホテルのカフェも夏限定でピンスを販売。なかでも新羅ホテルのアップルマンゴーピンスが有名です（W9万超え…！）

定番のピンスはもちろん
韓国発ジェラートも熱い！

韓国のひんやりスイーツといえば、かき氷のピンス。小豆がのった昔ながらのピンスをはじめ、さまざまなタイプがあります。近年はジェラート専門店も急増。ヨモギやマッコリなど韓国らしいフレーバーに注目です。

\ 名店が続々！ /

ジェラート

イタリア式の正統派から韓国固有の食材を使う個性派まで、数ある専門店からおすすめをピックアップ。

左から、トマトソルベ＋バジルミルク（おまけはマンゴー）、タルゴナミルク＋ヨモギ（おまけはミスッカル）

1人用カップW7000。カムテ（海苔のような海藻）キャラメル＋米

チーズジェラートとオリーブゼリー、スパークリングワインペアリングW1万8000

イタリア産ピスタチオを使用。Pietra Bronte Pistachio W9000

ゴロゴロのヘーゼルナッツがたっぷり。Piemonte Hazelnut W8000

チーズとオリーブオイルをかけたVanilla Manchego W8000

PIETRA.
피에트라／ピエトゥラ

ペットが食べられるジェラートも！

ジェラート好きな店主が脱サラして開業。こだわりの素材を使い、独創的なジェラートを生み出しています。

MAP P.179 C-2 ☎0507-1337-5863 ♠麻浦区ソンミ山路23キル62 ◷12:00 ～ 22:00 🔒月曜 ♥京義・中央線加佐駅4番出口から徒歩8分 [延南洞] ◎ gelateria_pietra

Ⓓ aga gelato 聖水
아가젤라또 성수／アガジェルラト ソンス

韓国ならではのフレーバーが豊富

2種を選べるカップW6000。かわいいおまけのミニスクープ（味は日替わり）を帽子のようにのせてくれます。

MAP P.182 D-2 ☎070-8835-5533 ♠城東区練武場キル41-19 B1F B101号 ◷12:00 ～ 22:00 🔒無休 ♥地下鉄2号線聖水駅4番出口から徒歩3分 [聖水] ◎ a.ga_seongsu

タルギ（イチゴ）
W4300

中には論山産イチゴの
クリームがたっぷり

Ⓐ
ケソン
W3900
伝統菓子のケソンチュ
アクがモチーフ

Best time!

15:00

トレンドを経て定番化！

一度は食べたい
Kドーナツまとめ

ふわふわ生地にクリームたっぷり、見た目
もかわいい韓国のドーナツ。一度は食べた
い個性派の人気店をセレクトしました。

Ⓐ

MILK CREAM W3900、EARL GREY W3500　Ⓑ

Ⓐ

生クリームが入ったタラクドーナ
ツとトウモロコシクリームが香ば
しいオクススドーナツ各W4300。
ドリンクは柚子レモンエードや生
イチゴエード各W7200のほか、
ノンアルマッコリなど種類豊富

Ⓐ

✿ ✿ ✿ OLD FERRY DONUTはNICE WEATHER（P.29、P59）の各店舗でも味わうことができます

かわいいテイクアウトボックス。取材時はoioiとコラボ中でした

2021年頃からのブームを牽引する人気店。2023年3月にオープンしたこちらは340坪の大型店舗

CLASSIC VANILLA
W3500

CHOCO PUDDING
W3900

常時約10種が並びます。コラボ商品や期間限定の味もあるので要チェック

同店舗限定のドリンク、スマイルピーチスラッシュ W5000

Knotted World店限定のカップケーキ各W5000

Ⓐ DONUT JUNGSU
昌信店
도넛정수 창신점／
ドッジョンス チャンシンジョム

韓国ならではのマッコリドーナツ

マッコリで発酵させた生地はやわらかくてモチモチ。ソウルの街並みを一望できるビューも魅力です。

MAP P.176 F-1 ☎0507-1386-5775 ⌂鍾路区昌信12キル40 ⊙11:30～21:00 ⌂無休 ⊖地下鉄6号線昌信駅1番出口から徒歩17分 [昌信洞] ⬡ donutjungsu

Ⓑ Knotted World
노티드월드／ノティドゥウォルドゥ

かわいいスマイルがトレードマーク

口の中でふんわりほどけるやわらかくてキメが細かい生地と、甘すぎないクリームのバランスが絶妙！

MAP P.172 F-4 ☎070-8873-9377 ⌂松坡区オリンピック路300 ロッテワールドモール5F（F05～11号）⊙10:30～22:00（LO21:30）⌂不定休（ロッテワールドモールの営業時間に準ずる）⊖地下鉄2・8号線蚕室駅1・2番出口直結 [蚕室] ⬡ cafeknotted

Ⓒ OLD FERRY DONUT
漢南店
올드페리도넛 한남점／
オルドゥペリドッ ハンナムジョム

低温熟成させたもっちり生地

2017年オープン。フランス産小麦を使用したフィリングぎっしりのリングドーナツでたちまち話題に。

MAP P.180 F-2 ☎02-6015-2022 ⌂龍山区漢南大路27キル66 2F ⊙11:00～20:00 ⌂無休 ⊖地下鉄6号線漢江鎮駅3番出口から徒歩4分 [漢南洞] ⬡ oldferrydonut

バニラミルクW4500、シナモンシュガードーナツ1個W3700ほか

あふれんばかりのフィリング

ミルククリームドーナツブレッドW3600ほか、穴ナシタイプも

ケーキドーナツも。チョコクランチW4500、ホワイトチョコセサミ、ブルーベリー各W4300

Best time!
16:00

かわいすぎて財布の紐がゆるゆるに…
沼すぎ **クリエイターズブランド**

日本でも人気を集めている韓国発の雑貨ブランド。どれもこれもかわいくて"思考停止"になってしまう、個性豊かな3つのショップをセレクトしました。

ぜ〜んぶ欲しい！

土台となるアイテムと好きなワッペンを選び、レジでお会計をします。

↓

沼POINT

| ワッペン |
| × |
| DIY |

希望すればスタッフが店頭でワッペンを接着してくれます。貼る位置を伝えて。

↓

＼ 完成！ ／

Ⓐフェルト地のパン型キーホルダー W4000。金具は別売りW400Ⓑ漫画本が入るサイズの漫画コマ型トートバッグW1万8000Ⓒ布製キーホルダー W1万Ⓓ本型キーホルダー W6000。すべてワッペン代は別途

❶ワッペン1枚W600〜4500。ハングルや数字もあり、組み合わせは無限大！❷店内には古い市場をイメージした看板が掛けられています❸土台となるバッグの種類も豊富です

object sangga
옵젵상가／オブジェッサンガ

自分だけのオリジナルグッズが作れる

object（P.85）が手掛けるワッペン専門店。数百を超えるさまざまなワッペンの中から好きなものを選び、キーホルダーやバッグ、ポーチをDIYできます。

(MAP)P.178 D-2 ☎02-323-7778 🏠西大門区延禧マッ路23 2F 7号 ⏰12:00〜20:00 🔒月曜 🚇空港鉄道・地下鉄2号線弘大入口駅3番出口から徒歩20分［延禧洞］ⓞ object_sangga

7
8
9
10
11
12
13

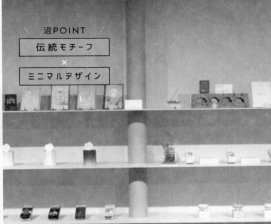

沼POINT
伝統モチーフ × ミニマルデザイン

１２入店したら、スマホにQRコードをかざしてサイトにアクセス。購入したい商品の番号を打ち込み、レジで会計をするシステム**３４**お香立てやバッグも

14

OIMU
오이뮤／オイミュ

15

マッチや線香がモダンに変身！

16

昔からあるアイテムを現代風にデザインし、過去と現在の価値をつなぐライフスタイルブランド。複合文化空間「LCDC SEOUL」の3階に入店。

17

(MAP)P.182 E-3 ☎02-3409-5975 🏠城東区練武場17キル10 LCDC SEOUL A 305 ⏰12:00～20:00、土・日曜12:00～19:00 🔒月曜 📍地下鉄2号線聖水駅3番出口から徒歩8分［聖水］
📷oimu_fruitfield

18

Ⓐ古い新聞等の文を集めた、季節の効能書W2万3000Ⓑ色の名前を紹介する、色の名前352W1万8000ⒸキャンドルW2万9000Ⓓお香W1万6000ⒺしおりW9500

19
20
21
22
23

沼POINT
ヴィンテージ × ファンシー雑貨

THENCE
덴스／デンス

レトロ＆ポップなアイテムがいっぱい

店名は"そこから"という意味。「日常の小さな始まり」をコンセプトに、文具、雑貨、ファッションアイテムを展開しています。

(MAP)P.176 D-2 ☎02-766-6926 🏠鍾路区栗谷路185 ⏰火・水曜12:00～19:00、木～土曜14:00～19:00 🔒日・月曜 📍地下鉄4号線恵化駅3番出口から徒歩12分［大学路］
📷thencestudio

0
1

Ⓐトレーディングカードを入れられるコレクトブックW1万6000ⒷハートのペンダントトップがついたキーホルダーW8500ⒸバッグにつけてもかわいいテディベアのキーホルダーW3万5000Ⓓ持ち歩きたいハート型のミラーW6000

Best time!

16:00

石垣沿いのホットな通り

夕方からが楽しい
ソスンラギル

朝鮮王朝歴代の王や王妃が祀られる世界遺産・宗廟。その石垣に沿ってのびる小道「ソスンラギル」に雰囲気のいいお店が集まっています。

1 ノンアルマッコリと焼いたカレッ（棒状の餅）がセットになったSASA Plate W9300。趣のある器とお膳で提供されます **2** 1階と2階に席があります **3** 数年前に新しく建てられた韓屋をカフェに

Ⓔ HERITAGE CLUB
헤리티지클럽／ヘリティジクルロッ

内装に韓屋の要素をミックス

2020年4月オープンのカフェ＆バー。黒を基調にしたシックなファサードの奥に、韓屋の屋根や柱を生かした趣ある空間が広がります。

MAP P.177 C-2 ☎0507-1338-9658 🏠鍾路区西巡邏キル75 ⏰12:00〜23:00（LO22:30）🔓無休 📍地下鉄1・3・5号線鍾路3街駅7番出口から徒歩4分 📷heritage_clubb

Ⓓ fikee
파이키／パイキ

"探検家"を暖かく迎えるブックカフェ

店名はfinders keepersの略。本やドリンクを通して訪れる人に寄り添い、小さな発見と安らぎを与えてくれる空間です。

MAP P.177 C-2 ☎0507-1412-0282 🏠鍾路区西巡邏キル81 ⏰10:00〜22:00、日・月曜10:00〜19:00 🔓無休 📍地下鉄1・3・5号線鍾路3街駅7番出口から徒歩4分 📷fikee.seoul

1 **5**「思索」「資本」など席ごとに設定されたテーマに沿ってスタッフが選んだおすすめの本を展示販売しています **2** パイキーラテW6000 **3** ティーエイドW7000 **4** 午後2時のハチミツケーキW7500

Ⓐ CAFE SASA
카페 사사／カペササ

伝統を現代的に再構築した韓屋カフェ

店名はソスンラギルに連なる木々の葉が風に揺れる音から。ゆったりとした時間が流れるカフェです。

MAP P.177 C-2 ☎02-762-7001 🏠鍾路区西巡邏キル147 ⏰12:00〜20:00(LO19:00) 🔓無休 ♀地下鉄1・3・5号線鍾路3街駅7番出口から徒歩8分
📷 sasa_seoul

서순라길 ソスンラギル

Ⓑ SEOUL GYPSY
서울집시／ソウルジプシ

ソスンラギル人気に火を付けた元祖店

独立系ブルワリーのタップルーム。かつては日が暮れると真っ暗だったこの通りにいち早く目をつけ、2017年にオープン。感度の高い層が訪れるきっかけとなりました。
→P.133

Ⓒ ウリスルチプ ダラムチ
우리술집 다람쥐／
ウリスルチッ ダラムチュィ

創作韓国料理と伝統酒のペアリング

韓食を専攻したシェフが腕を振るう丁寧な味の創作料理と伝統酒の組み合わせを楽しんで。2名利用推奨、最大4人まで対応の小規模なお店です。

MAP P.177 C-2 ☎070-4258-8880 🏠鍾路区西巡邏キル101 1F ⏰17:00〜23:30(LO22:30)、土・日曜16:00〜23:30(LO22:30) 🔓月曜 ♀地下鉄1・3・5号線鍾路3街駅7番出口から徒歩5分
📷 daramgee_official ※4名利用時は要予約

1️⃣ オーナーシェフのシン・ソハさん 2️⃣ エビとセリのチヂミW1万9000、もち米などに豚の血を混ぜ固めたピスンデの揚げ焼きW2万2000、マッコリ(ボトル)W3万2000

1️⃣2️⃣ 店舗工事中にコンクリート壁の奥から出現した古い韓屋を修繕し内装に活用 3️⃣ アーモンドチョコクッキー W3500 4️⃣ プレーンスコーンセットW5000 5️⃣ アップルシナモンラテW6000ほか

EGG DROP

S1第4話でイクジュンと
ウシュが食事をした店舗

見てなくても行く価値あり！

ドラマに 出てきた ウマい店

\ 朝ごはんやブランチに！ /

カフェ＆トースト

카페 & 토스트

パパはウジュ
ホリック♡

『賢い医師生活』
チョ・ジョンソクほか

Ⓐタイアップで劇中にた
びたび登場。ウジュが選
んだのはアボホリック♡

Ⓐ右から、アボホリッ
クW5400、キョウルが
好きなベーコンダブル
チーズW5000、ウジ
ュがイクジュンに選ん
だハム＆チーズキルコ
リトーストW4900

ルーフトップや外観が
たびたび劇中に登場

『梨泰院クラス』
パク・ソジュンほか

Ⓑタンバム2号店のロケ
地として使用されたブラ
ンチカフェ＆バー

Ⓑ絶景カフェとしても
有名。ブランチプレー
トW1万9000など食事
も充実しています。ビ
ール各W9000～

CAFEハラボジ工場のエイドW8000～

『ヴィンチェンツォ』
ソン・ジュンギ、
チョン・ヨビン

Ⓒソン・ジュンギ扮するヴィンチェンツォとチ
ョン・ヨビン演じるチャヨンが第4・5話で訪問。
美しい店内をバックに撮影されました

2人が注文したカウンター
でオーダーできます

Ⓐ EGG DROP
江南店
에그드랍 강남점／
エグドゥラッ カンナムジョム
MAP P.185 B-5 ☎0507-1469-
8834 🏠江南区江南大路55キル24
1F ⏰7:00～22:00(LO21:30) 🔒
無休 📍地下鉄2号線・新盆唐線江南
駅6番出口から徒歩3分 [江南]

Ⓑ URBAN CLIFF
어반클리프／オバンクルリプ
MAP P.173 C-3 ☎0507-1399-52
52 🏠龍山区新興路20キル43 ⏰1・3
階12:00～22:00(LO21:30)、2階
BAR17:00～翌0:30(LO0:00)
🔒無休 📍地下鉄6号線緑莎坪駅2番
出口から徒歩26分 [解放村]
📷urbancliff

Ⓒ CAFEハラボジ工場
어반 할아버지공장／
カペ ハラボジコンジャン
→P.107

094

ドゥラマ ソッ マッチァ

数々の映画やドラマが
撮影されている名店

Ⓓ 右から、サムソンチャ
ンポンW1万2000、タン
スユク（小）W2万8000

『ブラームスは好きですか？』
キム・ミンジェ、
キム・ソンチョルほか

＼ ランチもドラマ飯で♪ ／

麺 類

면류

Ⓓ 第9話でキム・ミン
ジェとキム・ソンチョ
ルが会話するシーンが撮影されました

Ⓓ レトロな雰囲気が
素敵でドラマや映画
に頻出。壁には芸能
人のサインがずらり

芸能人の常連も多いお店。冷麺W1万4000

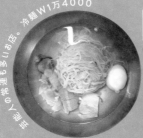

『恋愛体質〜30歳になれば大丈夫』
チョン・ウヒ、アン・ジェホン

Ⓔ アン・ジェホン扮する
ボムスは平壌冷麺が大好
き。この店で冷麺愛を語
るコメントに共感！

Ⓓ **永和樓**
영화루／ヨンファル
→P.62

Ⓔ **真味平壌冷麺**
진미평양냉면／
ジンミピョンヤンネンミョン
MAP P.185 C-2 ☎02-515-3469
江南区鶴洞路305-3 ⏰11:00〜
21:30(LO21:10) 無休 地下鉄7
号線鶴洞駅10番出口から徒 歩7分
[鶴洞]

『わかっていても』
ハン・ソヒほか

Ⓕ 最終話でハン・ソヒ扮
するナビが友人らとお酒
を飲むシーンを撮影

最終話でハン・ソヒが
座ったのはこの一角

夜はハン・ソヒが
来たあの店で！

飲みスポ

술집

今日の熟成刺身W3万9000

Ⓕ 第5話でのビンナとギ
ュヒョンのキスシーンも
ここで撮影されました♡

Ⓕ 右から、韓国焼酎のカン
スェジュ W6000、伝統
酒の朝鮮酒造史W9000

Ⓕ **オハンノ**
어항로／オハンノ
→P.147

K-POP TIPS

グッズショップからアイドルを擬似体験できるスタジオまで、関連スポットをチェック！

事務所の公式ショップ

아티스트 공식 굿즈샵

**事務所運営の公式ショップで
アーティストの世界観を堪能**

SMエンターテインメントは、社屋の地下1階にオフィシャルショップKWANG YA@SEOULが。オリジナルのフォトブースも設置され、各アーティストのフレームで4カット写真を撮影できます。YGエンターテインメントの公式ショップthe SameEは社屋の目の前に位置。カフェが併設され、所属アーティストの誕生日には限定のシールを配布するなど楽しいイベントも開催しています。グッズはオンラインで日本からも購入できますが、この世界観を楽しめるのは現地ならでは！推しのカムバに合わせてぜひ立ち寄ってみて。

the SameE
더세임／ドセイム
(MAP)P.179 B-5 ☎02-332-2030 🏠麻浦区喜雨亭路1キル6-3 ⦾B1Fショップ10:00〜20:00、1〜2Fカフェ〜21:00（LO20:30）🔒無休 ♥地下鉄2・6号線合井駅8番出口から徒歩8分［合井］ ⓘthesamee_official

KWANGYA@SEOUL
광야@서울／クァンヤ@ソウル
(MAP)P.183 B-2 ☎02-6233-6729 🏠城東区往十里路83-21 B1F ⦾10:30〜20:00（会計は19:50まで）🔒無休 ♥水仁・盆唐線ソウルの森駅5番出口から徒歩1分［ソウルの森］ ⓘkwangya_seoul

コンセプト撮影

컨셉 촬영

**フォトスタジオで
K-POPアイドル体験!?**

本格的な衣装にヘッドセットなどの小物を合わせてアイドルさながらの写真が撮れるスタジオも！さまざまなコンセプトに対応しているので希望を伝えてみて。

Reverie Studio
리브리에스튜디오／リブリエスタュディオ
(MAP)P.183 B-1 ☎010-3667-6127 🏠城東区往十里路5キル11 5F ⦾10:00〜21:00 🔒無休 ♥水仁・盆唐線ソウルの森駅5番出口から徒歩5分［ソウルの森］ 💰CタイププレミアムW50万（修正済カット6枚+原本、ヘアメイク、コンセプト衣装1着、アクセサリー、小物付き）

ネームシールも作れる！

DAISO 明洞駅店
다이소 명동역점／ダイソ ミョンドンヨッチョム
(MAP)P.175 C-4 ☎02-318-6017 🏠中区退渓路134-1 ⦾10:00〜22:00 🔒無休 ♥地下鉄4号線明洞駅1・2番出口から徒歩1分［明洞］ ⓘdaisolife

ダイソー

다이소

**おみやげはもちろん
オタ活にも大活躍！**

4カット写真やトレカ用ホルダーなど、かわいくて実用的なオタ活グッズが充実。ハングルで印字ができるネームシール機も設置されていて、推しの名前や写真をデザインしたオリジナルのシールが作れます。

HiKR Ground
하이키 그라운드／ハイコ グラウンドゥ
(MAP)P.177 B-4 ☎02-729-9498 🏠中区清渓川路40 韓国観光公社1〜5F ⦾10:00〜19:00 🔒月曜 ♥地下鉄1号線鐘閣駅5番出口から徒歩3分［鐘閣］ ⓘhikrground_official

Kエンタメ体験施設

K콘텐츠 체험관

**フォトジェニックな
MVセット再現ゾーンも**

韓国観光公社が運営する韓国エンタメ体験施設HiKR Ground。MVのセットを再現したフォトゾーンなど、階ごとに用意されたさまざまなコーナーを無料で楽しめます。

IN THE **After**n**oon**（14:00-17:00）

SEOUL CAFE BOOK

서울카페북

GREAT VIEW
HAN RIVER VIEW
TRADITIONAL STYLE
K-RETRO
RENOVATION
ARTISTIC DESSERT

ソウル
カフェブック

ソウルを見渡せる絶景カフェから
独創的なデザートを味わえる店ま
で、ジャンル別に厳選セレクト。

뷰맛집

Great view

ビューマッチプ
（景色のいい店）

景色がおいしい「뷰맛집（ビューマッチプ）」で絶景を味わって

1 4階のルーフトップ席。絶景カフェが集まる解放村に位置します **2** 注文は3階で **3** オリジナルグッズも販売 Ⓐ SEOUL SALT LATTE W7000 Ⓑ SHELTER SALT COFFEE W6500 Ⓒ クッキー各W4200

SHELTER HAEBANG
쉘터해방／シェルトヘバン

南山のふもとに位置し、Nソウルタワーが目の前！ 視界を遮るものがなく、爽快なビューが広がります。

[MAP] P.173 C-3
☎ 0507-1467-7050
🏠 龍山区新興路11キル49-12 ◎ 11:00〜21:00(LO20:30)、土・日曜10:00〜22:00(LO21:30) 🚫 無休 🚇 地下鉄6号線莎坪駅2番出口から徒歩21分[解放村]
📷 shelter_haebang

ROOFTOP & SEOUL TOWER

ソウルタワーと迫力あるパノラマビューを満喫

眺望最高のルーフトップ

SEOUL CAFE BOOK

뷰맛집

TERRACE & CITY VIEW

イチョウの大木を囲む
広い庭でコーヒーを

① デザイン事務所が運営。インテリアも素敵です ② 夏は新緑、秋は紅葉と季節ごとに表情が変わります。ペット同伴OK ⒶCAKE WITH CONFITブルーベリー W8500 ⒷSTAFFPICS LATTE W6500

STAFF PICKS
스태픽스／ステピクス

セレクトショップ兼カフェ。レンガ造りの建物前に広がるテラス席から西村（P.46）の街を見下ろせます。

MAP P.175 B-2 ☎0507-1341-2055 🏠鍾路区櫻路9キル22 102号 ◎10:00～21:00 最終月曜 ◉地下鉄3号線景福宮駅2番出口から徒歩9分 [西村] ◎ staffpicks_official

写真家のオーナーのセンスが光る絶景カフェ

オーナーはフォトグラファーで店内には各国の写真集が並びます Ⓐ凍らせたコーヒーを浮かべたブラウンリングラテ W8000

COMFORT
컴포트／コムポトゥ

ショップやギャラリーが入る複合ビルに位置。窓外に広がる眺めに感動！ルーフトップもあります。

MAP P.175 C-5 ☎02-6324-0624 🏠龍山区トットッパウィ路60キル45 ◎11:00～21:00 月曜 ◉空港鉄道・地下鉄1・4号線ソウル駅11番出口からタクシーで約5分 [南山] ◎ comfort.seoul

ミルクパンナコッタ＆レモンゼリー W6000、ピンクミルクティー W7500ほか

美しいインテリアと
リバービューにため息

1 4 オーナーはインテリアデザイナー。店内にはオーナーがデザイン＆セレクトした家具が並び、ショールームも兼ねているそう **2** ハンドリップコーヒー W8500 ～ **3** コンブチャレモネードW8000

TYPE HANGANG
타이프 한강점／タイプ ハンガンジョム

川沿いに立つビルの5階に位置し、大きな窓から漢江×高層ビル群のパノラマビューを堪能できます。アンティーク家具が並ぶ美しい空間にもうっとり。

(MAP) P.173 A-3 ☎0507-13 22-2297 🏠麻浦区土亭路128 ソガン8ギョンビル 5F ⏰12:00 ～ 22:00(LO21:30)、土・日曜・祝日10:00 ～ 🔒無休 📍地下鉄6号線上水駅3番出口から徒歩7分【上水】
📷 type.hangang

한강뷰
Han river view
漢江ビュー

ソウルのランドマーク・漢江を望む川沿いのスポットへ

川を見下ろす
広大なブックカフェ

1 2 静かに作業するためのフロアも**3**ハイビスカス天恵香(チョネヒャン)エイドW8000ほか**4**本の購入も可能です

チェグロ
채그로／チェグロ

ビルの2、6、8、9階を利用したブックカフェ。階ごとに席のタイプや利用用途など雰囲気が異なり、窓外に麻浦大橋と漢江のダイナミックな景色が広がります。

(MAP) P.173 B-3 ☎0507-1341-0325 🏠麻浦区麻浦大路4ダキル31 2F、6F、8-9F ⏰9:30～21:30 🔓無休 📍地下鉄5号線麻浦駅4番出口から徒歩8分 [麻浦] ⓘ check_grow

---

川岸のカフェから
漢江を間近で堪能

ノンアルコール
のカクテル

1漢江を目の前に望むロケーション**2**右から、ムルキョルモヒート、ムルキョルサングリア各W8000**3**お店は全面ガラス張り

MULGYUL HANGANG
물결 한강／ムルキョル ハンガン

ムルキョルは「波」の意で、ベンチやロゴも波打つデザイン。水面に浮かぶ船のように漢江の川岸に建っており、ふわふわと川に浮かんでいるような感覚に。

(MAP) P.173 A-5 ☎0507-1351-9138 🏠麻浦区麻浦ナルキル296 ⏰11:00～22:00(LO21:30) 🔓月曜 📍地下鉄6号線麻浦区庁駅1番出口からタクシーで8分 [麻浦ナル] ⓘ mulgyul_hangang

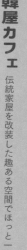

韓国らしい伝統美と
モダンな感性が融合

韓屋カフェ
伝統家屋を改装した趣ある空間でほっと一息

ファッション業界で働いていたオーナーが
2020年にオープン Ⓐサンドイッチ W1万台
Ⓑスペシャルラテ W6500

ATELIER HARMONY
아틀리에하모니／アトゥリエハモニ

70〜80年前に建てられた韓屋を改
装。ビンテージ家具を配し、伝統とモ
ダンが調和した美しいカフェに。

MAP P.174 F-1 ☎02-6082-
7771 🏠城北区普門路77-1
9:30〜18:00 (LO17:50) 🔒
木曜 🚇牛耳新設線・地下鉄6
号線普門駅7番出口から徒歩
5分［普門］ ⓞ atelier_harm
ony_official

한옥카페

Traditional Style

繁華街の弘大にも
風情ある韓屋カフェが

Ⓐ伝統菓子の薬菓でアイスクリーム
を挟んだ申李薬菓 W4800 Ⓑ五味子
茶（アイス）W7800

申李道家
신이도가／シニドガ

1950年ごろに建てられた韓屋を改
装。フォトスポットとしても人気で
開店前から観光客の列ができます。

MAP P.179 C-4 🏠非公開 🏠麻浦区チャンダリ
路20-12 ⊙10:00〜21:00 🔒無休 🚇地下鉄2・
6号線合井駅3番出口から徒歩8分［弘大］
ⓞ sinleedoga

안옥카페

102

SEOUL CAFE BOOK

揺謙斎はソウル市の文化財に指定されている歴史ある建築物。裏庭のテラス席や店内の窓からじっくりと堪能して Ⓐヨモギユズムース W8500 Ⓑ アプリコットゴルゴンゾーラフィナンシェ W3400

LOW ROOF
로우루프／ロウルプ

築約100年の韓屋邸宅・揺謙斎（フィギョムジェ）に隣接。店内の窓やテラス席から美しい韓屋ビューを堪能できます。

MAP P.177 B-1 ☎02-747-0709
🏠鍾路区北村路46-1 ◷10:00〜20:00（LO19:30）🔒月曜 ◉地下鉄3号線安国駅2番出口から徒歩6分［北村］
📷cafe_lowroof

裏庭のテラス席が気持ちいい！

築100年超えの文化財を借景に

레트로감성

K-Retro

韓国レトロ

懐かしいけれど新鮮でセンス抜群！
韓国らしい"レトロな感性"が光るカフェ

90年代アメリカと韓国のムードをミックス

デザートはすべて手作り

右から、パクチーアイスW7500、バナナプリンケーキW6800、フィルターコーヒーW5000～。店内にはカセットプレイヤーが置かれ、90年代の韓国歌謡が流れています

Sick Cat Sign

식캣사인／シッケッサイン

店名は「病気になると体を丸めてじっと動かなくなる猫のように、無理せずゆっくり休めるような空間を」との思いから。オーナー手作りのデザートも心ほぐれる優しい味。

MAP P.173 B-3 ☎非公開 🏠龍山区元暁路83キル7-2 2F ◷12:00～21:00 休火曜 🚇地下鉄1号線南営駅1番出口から徒歩9分［龍山］ ⓘ sickcatsign

あまりにも美しい
韓国式アンティーク

路地裏の名店

店名は名医ホジュンが庶民に治療を施した恵民署（ヘミンソ）だった土地柄に由来
1 **2** 向かいは姉妹店の洋菓子店「ヘミダン」 **3** フルーツティー W7000 Ⓐ イチヂクタルト W5000 Ⓑ オミジャムース W6800

コーヒー韓薬房
커피한약방／コビハニャッパン

人ひとり通るのがやっとな狭い路地に佇む隠れ家。螺旋細工を施したゴージャスな調度品に圧倒されます。

MAP P.177 C-4 ☎070-4148-4242 ♥中区三一大路12キル16-6 ◷10:00～22:00、土曜11:00～22:00。日曜11:00～20:00、祝日12:00～20:00 ♥無休 ♥地下鉄2・3号線乙支路3街駅1番出口から徒歩2分［乙支路］ ◎ coffee_hanyakbang

70年代を感じる
ベーカリーカフェ

FRITZ 桃花店
프릳츠 도화점／ブリッチュドファジョム

オットセイがトレードマークの人気店。ソウルに数店舗を展開し、こちらは民家に韓屋のエッセンスを加え改装した2014年オープンの1号店。

MAP P.173 B-3 ☎02-3275-2045 ♥麻浦区セチャン路2キル17 ◷8:00～22:00、土・日曜10:00～22:00 ♥無休 ♥地下鉄5号線麻浦駅3番出口から徒歩4分［麻浦］ ◎ fritzcoffeecompany

1 1階に焼きたてのパンが並びます **2** 2階の座席の様子 ⒶⒷ コーヒー豆は自家焙煎。国内のカフェや業者にも卸売販売をしています。ソウルシネマW1万6000ほか

1 劇場の造りを最大限生かした空間になっています 2 本日のコーヒー W4200。1 メニューにつき W300 が市場の活性化に使用されます 3 各席に電源がありパソコンで作業する人も 4 注文は正面のカウンターで

STARBUCKS 京東1960店

スタバックス 경동1960점／
スタボクス キョンドン イルグユッコンジョム

京東市場内の劇場を再生し、ノスタルジックな雰囲気が漂うカフェに。売り上げの一部を市場の活性化に活用する地域貢献型の取り組みも話題に。

MAP P.172 D-1 ☎1522-3232
🏠東大門区古山子路36キル3
🕘9:00〜21:00、金・土・日曜9:00〜22:00 🔒無休 📍地下鉄1号線祭基洞駅2番出口から徒歩4分［祭基洞］@ starbuckskorea

1960年に造られた劇場を再利用。約200席を有する大規模な店舗で、天井も高く開放感があります

극장
劇場

市場内の古い劇場が
STARBUCKSの店舗に

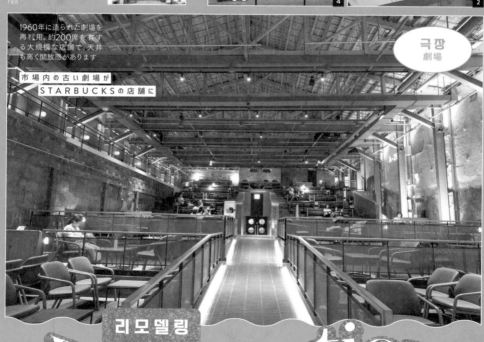

리모델링

Renovation
リノベーション

古い建物や工場に息を吹き込み、美しい空間に！

창고
倉庫

INTHEMASS 馬場

인더매스 마장／インドメス マジャン

ソウル最大の畜産市場がある馬場洞に位置。古い倉庫を改装した大規模な空間はブランドのロースティングショールームも兼ねています。

(MAP) P.172 D-2 ☎0507-1489-9031 🏠城東区馬蹄路270☯09:00 ～ 21:30 🔓無休 ♥地下鉄5号線馬場駅4番出口から徒歩4分 [馬場洞] ⓘ inthemass

Ⓐ店内で焙煎しているコーヒー豆#45スケールブレンド（250g）W1万3500 Ⓑシングルオリジンコロンビア（250g）W3万8000ほか Ⓒ左から、アイスアメリカーノW4800、スウィートソルティラテW5000

倉庫を大規模カフェにリノベーション！

大部を中心に展開するフランチャイズMASS COFFEEのショールーム兼ロースタリーカフェ

韓国出身の若手クリエイターやオーナーが手がけたアート作品が店内のあちこちに飾られています

ハラボジはおじいさんの意。店名の由来は歴史を築いてきた先代へのリスペクトと、街から消えゆく「工場」の名を残したいという思いから

자동차 공장
自動車工場

CAFE ハラボジ工場

카페 할아버지공장／カペ ハラボジコンジャン

オーナーは聖水洞を代表する「大林倉庫」の創業者。工業的なエッジと木の温もりが調和した居心地よいお店です。

(MAP) P.182 D-3 ☎0507-1317-2301 🏠城東区聖水2路7カギル9 ☯11:00 ～ 22:00 🔓無休 ♥地下鉄2号線聖水駅3番出口から徒歩6分 [聖水] ⓘ grandpa.factory

築50年の自動車工場をカフェとして再生

1 宝石のようなマドレーヌ、ダイヤモンドW4200ほか。メニューは時期により変更になります **2** シェアして食べたいビッグサイズのマドレーヌ

宝石をモチーフにした
鮮やかなマドレーヌ

Madeleine

マドレーヌ

Dosikhwa
도식화／ドシクァ

「マドレーヌの複合文化空間」をコンセプトに、色とりどりのマドレーヌを販売。焼き菓子をテーマにした展示も不定期で開催されています。

MAP P.179 C-5 ☎0507-1342-7937 🏠麻浦区臥牛山路17キル19-9 ⏰12:00〜21:00(LO20:00) 🚪無休 📍地下鉄6号線上水駅1番出口から徒歩5分［上水］
📷 dosikhwa_seoul

1 ダークチョコレートムースの中にイチヂクのソースが。White Signature Cake Petit W1万3000 **2** クロッフルW1万

Artistic Cake

アートなケーキ

AUFGLET 漢南
아우프글렛 한남／アウプグルレッ ハンナム

モノトーン＆マットな空間に合わせて作られたシックなケーキが話題。クロッフル人気の火付け役を担ったカフェとしても知られます。

MAP P.180 E-3 ☎070-8898-0699 🏠龍山区梨泰院路54ガキル20 ⏰12:00〜21:00(LO20:00) 🚪無休 📍地下鉄6号線漢江鎮駅3番出口から徒歩6分［漢南洞］📷 aufglet

店を代表する
ムースケーキ

ブランドのムードを
デザートで表現

예술적인 감성 디저트

108

예술작품 같은 디저트

Artistic dessert

まるでアート!?
なデザート

食べるのがもったいない! 芸術的か
つ独創的なデザートに出合えるカフェ

Mont Blanc

モンブラン

ニット工場跡で生まれた
毛糸風のモンブラン

本物の毛糸玉
みたい!

Le Montblanc

르몽블랑／ルモンブルラン

オーナーの義父母が経営していた
ニット工場を改装し、デザートカフ
ェに。毛糸玉やセーターを模した繊
細なデザインのモンブランが絶品。

[MAP] P.173 C-3 ☎0507-1328-3793 🏠
龍山区新興路99-4 ⏰12:00〜19:00(LO
18:30)、土・日曜12:00〜20:00(LO19:30)
🈲月曜 📍地下鉄6号線緑莎坪駅2番出口から
徒歩23分 [解放村] 📷le_montblanc

毛糸のモンブランは赤がラズベリー
チョコレートW1万500、白がアー
ルグレイW1万。店内のあちこちに工
場だった時代を彷彿とさせる編織用
の機械や糸が並んでいます

NUDAKE HAUS DOSAN

누데이크 하우스 도산／ヌデイク ハウス ドサン

アイウェアブランドGentle Monst
er(P.61)がプロデュース。人の顔を
模したムースケーキや羊をかたど
ったクリームデニッシュなど、前衛
的で独特なデザートが揃います。

[MAP] P.185 C-1 ☎070-4128-2125 🏠江
南区狎鷗亭路46キル50 B1F ⏰11:00〜21:
00(LO20:45) 🈲無休 📍水仁・盆唐線狎鷗
亭ロデオ駅5番出口から徒歩8分 [狎鷗亭]
📷nu_dake

Artistic Cake

アートなケーキ

アートピースのような
デザートが話題のカフェ

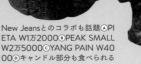

New Jeansとのコラボも話題Ⓐ PI
ETA W1万2000Ⓑ PEAK SMALL
W2万5000Ⓒ YANG PAIN W40
00Ⓓ キャンドル部分も食べられる
ホールケーキBIRTH W3万2000

예술작품 같은 디저트

CAFE TIPS

ソウルのカフェを楽しむためのTIPSや、近年のスイーツトレンドを総まとめ！

STARBUCKS
스타벅스

限定メニューやアイテム 韓国ならではの店舗も

廃劇場を利用した京東196 0店（P.106）など特色ある店舗を展開し、2022年には壮大な北漢山ビューを誇るTHE北漢山店が誕生し話題に。漢江を望むソウルウェイブアートセンター店も大人気です。ドリンクは韓国限定メニューをぜひ。『Korea Only』の表記が目印です。ミントチョコチップブレンディッド トールW6300。

STARBUCKS THE 北漢山店
스타벅스 더북한산점／
スタボクス ドブッカンサンジョム
MAP P.173 A-1 ☎1522-3232 ♠恩平区大西門キル24-11 ⊙7:00～22:00 ♠無休 ♥地下鉄3号線旧把撥駅からタクシーで9分［恩平］

STARBUCKS ソウルウェイブアートセンター店
스타벅스 서울웨이브아트센터점／
スタボクス ソウルウェイブアッセントジョム
MAP P.185 A-2 ☎1522-3232 ♠瑞草区蚕院路145-35 ⊙8:00～21:30 ♠無休 ♥地下鉄3号線蚕院駅4番出口から徒歩17分［蚕院］

おみやげもチェック！

韓国限定のドリンクも

美しすぎる薬菓ブランド

薬菓（ヤックァ）
약과

プレミアムに進化する伝統菓子 フレーバーとしても大人気

薬菓はねっとりとした食感が特徴のソフトクッキーのような伝統菓子。熾烈な予約戦を勝ち抜く人気店の商品を取り寄せる一大ブームを経て、お菓子やドリンクのフレーバーとしても愛される存在に。さらに、ヨンリフィジェやGOLDEN PIECEのように薬菓や伝統菓子のチュークを美しい高級デザートとして昇華させるブランドも登場。ドーナツチェーンDunkinの薬菓はおみやげにもおすすめです。

GOLDEN PIECE
골든피스／ゴルドンピス
MAP P.180 F-3 ☎010-3491-7250 ♠龍山区漢南大路27キル25 ⊙12:00～18:00 ♠無休 ♥地下鉄6号線漢江鎮駅3番出口から徒歩8分［漢南洞］ ⊙ goldenpiece_korea

申李道家
→P.102

Dunkin'にも薬菓が！

TONGTONGE
→P.60

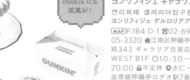

チュアクも美しく進化

ヨンリフィジェ ギャラリア狎鷗亭
연리희재 갤러리아압구정／
ヨンリフィジェ ゲルロリアアックジョン
MAP P.184 D-1 ☎02-6905-3320 ♠江南区狎鷗亭路343 ギャラリア百貨店WEST B1F ⊙10:30～20:00 ♠不定休 ♥水仁・盆唐線狎鷗亭ロデオ駅7番出口から徒歩1分［狎鷗亭］ ⊙ yeon.li.hui.jae

SEOUL CAFE BOOK

망고쥬스
マンゴージュース

リーズナブルで本格的な
マンゴージュース専門店

フレッシュジュースチェーンのJUICYが手がけるマンゴー専門フランチャイズカフェ「食後に飲みたくなる」という意味を込めたシクブテンマンゴー（300㎖）W1500Oまで手頃な価格も魅力。ピンスなどもあり、食後にちょっと甘い物が欲しい時に重宝します。

食後にちょうどいいサイズ

GOMANGO 延南店
고망고 연남점／ゴマンゴ ヨンナムジョム
MAP P.178 D-3 ☎070-7783-1028 🏠麻浦区楊花路21キル15 ⏰11:30〜22:00 🚫無休 📍空港鉄道・地下鉄2号線弘大入口駅3番出口から徒歩1分 [延南洞]

카페 체인점
カフェチェーン店

チェーンもタイプいろいろ！
注文はキオスクが主流に

チェーンカフェはMEGA COFFEE、COMPOSE COFFEE（写真左下）、料理家のペク・ジョンウォンが手がけるPAIK'S COFFEEなど低価格帯ブランドの勢いを感じます。注文はタッチパネル式の電子キオスクを利用して。

생일케이크
センイルケーキ

現地のカフェで
センイルケーキを調達

旅行中に自分や同行者、推しの誕生日を祝うなら現地のカフェでケーキの調達にトライ。NUDAKE（P.109）のBIRTHは在庫があれば予約不要。気になるお店があれば事前にDMで問い合わせてみるのもアリ！

GINGER BEAR PIE SHOP

GINGER BEAR PIE SHOP
→P.39

웨이팅
ウェイティン

人気店は行列不可避！
整理番号システムに登録を

ウェイティン＝待機すること。人気店は店頭の機械に連絡先を登録＆待機が必須で、オープン30分前頃から「ウェイティン登録」を開始する店も。日本の携帯番号では登録ができない場合が多いので、お店のスタッフに声をかけて。

CHECK!

☑ **値段はゼロを省いて表記**
W6800は6.8、W1万8000は18.0など、価格表記では百の位以下の0がよく省略される。

☑ **最新の営業情報を要確認**
臨時休業や営業時間の変更がよくあるので訪問前には必ずインスタなどで確認を！

붕어빵
ブンオパン

冬限定のレアおやつ!?
韓国式たい焼き

冬季を中心に登場する韓国式たい焼きプンオパンの屋台。店により異なりますが3個W1500など価格も手頃です。餡の甘さ控えめで優しい味♡ より薄皮で皮がパリパリのインオパンも絶品です。

배라
31アイスクリーム

"ベラ"の名で愛される31
韓国限定の味を楽しんで

日本では「31」でおなじみのバスキン・ロビンス。韓国では배스킨라빈스（ベスキンラビンス）、略して배라（ベラ）と呼ばれ、限定フレーバーも多数。パイントサイズで購入し、みんなでつつくのが韓国流です。

3種を選べるパイントサイズ

隠し扉の奥にお店が広がる新
堂洞のスピークイージーバー
「酒神堂」(P.120)。十二支を
テーマにしたきらびやかな空
間に圧倒されます

112

SEOUL THE BEST TIME

IN THE

Night

17:00 - 21:00

ソウルにいると、空が暗くなるのに比例してテンションが上がっていくんです。それはグルメにカフェにショッピングに、夜の街が楽しすぎるから。まずはお肉でパワーチャージして、夜のソウルを満喫しましょう！

日本では食べられない ド迫力の分厚い豚焼肉

ソウルで豚焼肉を食べるなら、熟成豚肉がおすすめです。どのお店も肉が分厚く、迫力満点! 厚いぶんが上手に焼き上げるにはコツが必要なので、店員さんにお任せしましょう。

お肉の注文は2人前からが基本。メインのお肉を頼むと野菜やキムチ、各種タレが一緒に出てくるので、いろんな組み合わせを試してみましょう。

数日間寝かせることで味がギュッと濃く、やわらかくなった熟成肉を塩やワサビであっさりと。イワシソースなど旨みたっぷりのタレや野菜、キムチとともに頬張れば、お口の中が天国に♡

ースがメジャーで、脂身が苦手ならモクサルがおすすめです。

った熟成肉を塩やワサビであっさりと。イワシソースなど旨みたっぷりのタレや野菜、キムチとともに頬張れば、お口の中が天国に♡

部位はサムギョプサル（バラ肉）やモクサル（肩ロース）がメジャーで、脂身が苦手ならモクサルがおすすめです。

アルトゥンシム（上）。豚トロのチョンギョプサル1人前W1万6000（下）は生ワサビをつけるのがおすすめです

200℃に温めた特定の鉄板に無塩バターを広げてグリルするのがコドシッ流。熟成肉の旨みを一気に閉じ込めます。つけダレはプゴ（干しダラ）の頭の魚醤をベースにした甘酸っぱいソースに炒めたネギを入れて完成。砕いたプゴと調味料を合わせた自家製のつけ塩も驚きのおいしさ。シメには角切り肉入りの炒飯W7000を

Best time!
17:00
豚肉のジョーシキが変わります!
熟成豚焼肉
ウマすぎ案件

☆ ☆ ☆　セットで出てくることの多い薄い葉っぱの甘酢漬けはミョンイナムル（行者ニンニク）。豚肉をこれで巻いて食べます

丁寧に焼き上げる
やわらかサムギョプサル

本サムギョプサル1人前
W1万9000（写真は2人
前）、ヌンコムモクサル1
人前W1万8000

備長炭×特注アルミ板で
焼くモクサルが絶品！

Kokumiモクサル1人前W1万8000
（写真は2人前）。蟹ダシで炊いた
kokumiご飯W3000にのせても
おいしい。テンジャンチゲW9000

クムテジ食堂
금돼지식당／クムテジシッタン

芸能人も御用達のミシュラン掲載店

コリコリの食感とジューシーさ、2つを一度に楽しめる骨
付きの本サムギョプサルが売り。肉本来の旨みを堪能する
ために一切れ目は英国王室御用達のマルドン塩でどうぞ。

MAP P.174 E-4 ☎0570-1307-8750
🏠中区茶山路149 🕐11:30～23:00（LO
22:15）🈂無休 🚇地下鉄3・6号線薬水駅
2番出口から徒歩4分［薬水］

クッタン 聖水店
꼽당 성수점／クッタン ソンスジョム

美食家の経験とノウハウを凝縮

10年間で1000軒以上を食べ歩き、グルメブロガーとして
も有名なオーナーが豚焼肉の名店で5年間修業し2019
年にオープン。新沙に本店、蚕室にも支店があります。

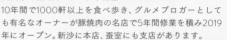

MAP P.182 D-2 ☎0507-1358-6564
🏠城東区聖水2路20キル10 キョンヒョウ
会館104号 🕐16:30～22:50（LO22:
20）、土・日曜12:00～22:50（LO22:
20）🈂無休 🚇地下鉄2号線聖水駅3番出
口から徒歩2分［聖水］

トゥトゥム
두름／トゥトゥム

18時以降は行列ができる豚焼肉店

2015年のオープン以来大人気ですが、支店はつくらず店舗
はここだけ。サムギョプサルとモクサルは二段階に分けて
21日間熟成。豚トロのハンジョンサルも用意しています。

MAP P.175 A-4 ☎02-392-8592 🏠中
区中林路10 🕐15:30～22:00（LO21:
20）、土・日曜13:00～15:00（LO14:
30）、15:30～22:00（LO21:20）🈂無
休 🚇地下鉄2・5号線忠正路駅5番出口
から徒歩3分［忠正路］

コドシッ
고도식／コドシッ

豚肉も鉄板も高度（コド）がカギ

智異山や済州島の高山地で育った豚を厳選し、ウェットで
7日間、ドライで2日間、計9日間熟成。1頭から4人分しかと
れない希少部位アルトゥンシム（リブロース）が絶品です。

MAP P.172 F-4 ☎02-422-8692 🏠松
坡区百済古墳路45キル28 🕐12:00～
22:40（LO22:00）、月～木曜ブレイクタイ
ム15:00～17:00）🈂無休 🚇地下鉄9号
線松坡ナル駅1番出口から徒歩6分［松
坡］ ⓘ godosik92

トゥトゥムモクサル1人
前W1万8000（写真は2
人前）。エリンギも付く

やわらかくジューシーな
厚さ約4cmのモクサル

希少部位のアルトゥンシ
ム1人前W1万7000（写真
は2人前）。

韓国の豚焼肉では珍しい
骨付きリブロースが売り！

7
8
9
10
11
12
13
14
15
16
17
18
19
20
21
22
23
0
1

肉は毎日
アジュンマが
さばいてます！

ミシュラン掲載！
市場の老舗でお得に

1965年にオープンした広蔵市場（P.22）ユッケ通りの名店。新鮮な韓国産牛肉を使用し、店内で半日熟成させています。注文は卓上のオーダー表に記入し店員へ。

プチョンユッケ
부촌육회／プチョンユッケ

MAP P.176 E-3 ☎02-2267-1831 🏠鍾路区鍾路200-12 ⏰10:00〜21:30(LO21:00、月〜金曜ブレイクタイム16:00〜17:00) 🚫無休 📍地下鉄1号線鍾路5街駅8番出口から徒歩2分[鍾路5街]

活きテナガタコの刺身入り、ユッケナッチタンタンイW3万2000は韓国のりで巻いて。地元の人にはリーズナブルなユッケビビンバW9000も人気

ユッケ
W1万9000
牛肉のダシが効いたスープも付いてきます

みどり！

日本ではなかなか食べられなくなってしまった牛肉ユッケ。いろんな店で、いろんな形で味わって！

①

チンジュパンサン
W5万3000
ビビンバなどの主食＋料理
5品が付くコース

②

③

④

韓定食レストランの
コース料理で

朝鮮三大ビビンバに数えられる晋州ビビンバを中心に慶尚南道の伝統料理を提供。料理の基本となるジャン（味噌）は原料の豆を育てるところから直接手がけるこだわりぶり！

ハモ
하모／ハモ

MAP P.185 C-2 ☎02-515-4266 🏠江南区彦州路819 ⏰11:30〜15:00(LO14:30)、17:30〜22:00(LO21:00)、土・日曜・祝日11:30〜22:00(LO21:00) 🚫無休 📍地下鉄3号線狎鷗亭駅3番出口から徒歩9分[狎鷗亭]

①5種のナムルとユッケがのった晋州ビビンバ②網焼きプルコギ③朝鮮チャプチェ④肉のチヂミ

☆☆☆ ハモはランチタイムならビビンバを単品(W1万7000)でも味わえます

タンゴルチッユッケ
W2万1000
卵黄はユッケとは別の器で
サーブされるので自分での
せて写真を撮りましょう

ユッケを使った料理が
サイドメニューにも！

まるでケーキ!?な変わり種ユッケ

ビジュアルにもこだわったフュージョンスタイルのユ
ッケが人気でオープン前から大行列！ ホースラディ
ッシュがピリッと効いた白いソースがアクセント。

タンゴルチッ
단골집／タンゴルチッ
MAP P.180 D-4 ☎02-797-3373 🏠
龍山区普光路59キル14-1 2F ⏰17:00
〜翌0:00(LO23:00)、金・土曜〜翌
2:00(LO翌1:00) 🔒無休 📍地下鉄6
号線梨泰院駅4番出口から徒歩1分 [梨
泰院] @dangol_house

①ユッケ、梨、セリ、プガク(のり菓子)
などを和えたユッケサラダW1万80
00 ②ユッケおにぎりW9000 ③
ピリ辛クリームパスタ、タンゴルチッ
メッコムクリームパスタW2万1000

Best time!
17:00

市場で、フュージョンで、高級店で。
新鮮ユッケがよりどり

ピリ辛ユッケ入りの新感覚キンパ！

トッポッキやのり巻きなど粉食(プンシク)というジ
ャンルで親しまれる軽食メニューを現代風にアレン
ジ。生肉ラバーに味わってほしいのは自家製のピリ辛
ダレで味付けしたユッケを巻いた、ユッケキンパ！

DOSAN BUNSIK
島山公園店
도산분식 도산공원점
／トサンブンシットサンコンウォンジョム
MAP P.185 C-1 ☎02-514-5060 🏠
江南区島山大路49キル10-6 ⏰11:30
〜15:00(LO14:30)、17:00〜20:30
(LO20:00) 🔒無休 📍水仁・盆唐線
狎鴎亭ロデオ駅5番出口から徒歩6分
[狎鴎亭] @dosanbunsik

①島山ビビン麺W7800②トンカ
ツサンドW9500。インテリアや
プレートもかわいく、写真を撮る
楽しみもあるお店です

ユッケキンパ
W8800
ピリ辛に味付けたユッケ入り
ののり巻き。ごま油入りの卵
黄にダンクして食べましょう

ぷりぷりホルモン

×

チゲはサービス！

盛り合わせのモドゥム2人前W6万30
00。肉の追加注文は不可なので、食
べたい量を最初にオーダーして

こちらは本館。すぐ近く
に別館があり、そこに案
内されることも

具だくさんの海鮮スンドゥ
ブチゲは無料サービス！

Best time!
17:00

1渡韓、1ホルモンが基本！
コプチャンガチ勢の
推し店舗案内

コプチャン＝ホルモン焼きは韓国ではメジャー
ーな料理。食わず嫌いはもったいない！

チェイルコプチャン 本店
제일곱창 본점／チェイルコプチャン ポンチョム
待つ価値あり！な絶品コプチャン

畜産物市場で知られる馬場洞の近
くに位置し、市場から仕入れた新
鮮なホルモンを丁寧に下ごしら
え。週末は3時間待ちの日もあるほ
ど人気のコプチャン専門店です。

MAP P.172 D-2 ☎010-8690-9792 🏠城
東区古山子路281 ⏰12:00～22:00 (LO21:
00) 📅日曜 📍地下鉄2・5号線・水仁・盆唐
線・京義・中央線往十里駅2番出口から徒歩
5分［往十里］📷 gop_master

多くのコプチャン専門店ではサービスでレバ刺しとセンマイ刺しが出てきます。ただし、週末は市場が閉まっているためナシ(泣)

118

ニラたっぷり × グルメもイチオシ

盛り合わせ1人前W2万4000（注文は2人前～）。下は薄焼き卵に囲まれた炒飯W4000

人気エリア × インテリアも◎

盛り合わせの韓牛モドム4人前W3万3000（注文は2人前～）。下はサービスで提供される白スンドゥブチゲ

コッ 麻浦店
곱 마포점／コッ マッポジョム

グルメな芸能人も絶賛の味

韓国でグルメ芸能人として有名なイ・ヨンジャおすすめの店。当日にさばかれた新鮮な韓牛のコプチャンを使っているので、週末は小腸が売り切れることも。

MAP P.173 B-3 ☎02-713-5201 🏠麻浦区桃花洞31-1 ⏰16:00～23:30、日曜・祝日15:00～23:00 🔒無休 🚇地下鉄5号線麻浦駅3番出口から徒歩5分 ［麻浦］

聖水ノル
성수노루／ソンスノル

必訪エリア・聖水の繁盛店

古い2階建ての建物をリノベし、カフェのようなインテリアも魅力。コプチャン焼きのほか、大鍋のコプチャンチョンゴルも人気です。シメは炒飯W4000で！

MAP P.182 D-3 ☎0507-1354-5866 🏠城東区聖水二路71 ⏰16:30～23:00（LO22:00）、土曜15:30～、日曜15:30～22:30（LO21:30）🔒無休 🚇地下鉄2号線聖水駅3番出口から徒歩4分［聖水］🔗noru_ship

＼ まだある！ 推しコプチャンリスト ／

九孔炭コプチャン 本店
구공탄곱창 본점／クゴンタンコプチャン ポンジョム

豚のマクチャン（直腸）焼きのチェーン。マクチャン1人前W1万3000（注文は2人前～）にチーズW5000追加は必須！

MAP P.179 C-5 🏠麻浦区楊花路6キル77 ［弘大］

延南コプチャンタウン
연남곱창타운／ヨンナムコプチャンタウン

人気エリアにあり、夜遅くまでにぎわいます。臭み消しのために仕上げに焼酎を振りかけ、火をつけるパフォーマンスは動画撮影マスト！

MAP P.178 D-3 🏠麻浦区東橋路236 ［延南洞］

新村ファンソコプチャン 江南直営店
신촌황소곱창 강남직영점／シンチョンファンソコプチャン カンナムチギョンジョム

新村にある老舗専門店の支店で、テッチャン（大腸）が大きくぷりぷり！盛り合わせ2人前W4万9000。

MAP P.185 C-4 🏠江南区江南大路100キル13 ［江南］

ヒップな新堂洞（シンダンドン）＆ソウル中央市場へ

昔懐かしい街並みにセンスのいい店が融合

東大門の東に隣接する新堂洞。朝鮮時代に巫堂（ムーダン）と呼ばれる呪術者が集まって暮らし、神堂が多かったことからその名が付いたといわれます。古びた穀物倉庫や商店が並び、かつては若者とは無縁の街でしたが、2018年頃から個性的なカフェやバーが少しずつオープン。今では"ヒップ堂洞（ダンドン）"の愛称で親しまれる注目のおしゃれエリアへと進化しました。

ここがお店の入り口です

隠し扉の奥にバーが！

IN the Night [18:00-21:00]

酒神堂

Ⓑ **ハニカルグクス**
하니칼국수／ハニカルグクス

魚卵好きにはたまらない！
たらこと白子たっぷりのカルグクス、アルゴニカルグクスW1万2000。魚介の旨みが効いたピリ辛スープをセリの香りがナイスアシスト。
MAP P.174 F-3 ☎02-3298-6909 ❀中区退渓路411-15 ◉10:30～15:00（LO14:30）、17:00～22:00（LO21:00）、土・日曜・祝日10:30～22:00（LO21:00）🔒無休 ❀地下鉄2・6号線新堂駅1・12番出口から徒歩2分［新堂洞］📷hani._.noodle

Ⓐ **酒神堂**
주신당／ジュシンダン

きらびやかな世界が広がる
エリアの歴史に着想を得て、「神々の遊び場」がコンセプト。十二支をテーマにしたカクテルW1万6000～ほか。
MAP P.174 F-3 ☎02-2231-1806 ❀中区退渓路411 ◉18:00～翌2:00（LO翌1:00）、土・日曜17:00～翌1:00（LO翌0:00）🔒無休 ❀地下鉄2・6号線新堂駅1・12番出口から徒歩2分［新堂洞］📷zoosindang

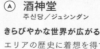

☆☆☆1950年代、新堂洞にトッポッキの専門店が集まるトッポッキタウンが誕生。トッポッキの街としても知られます

直火匠人
직화장인／チカァジャンイン

モクサル（首肉）に特化した熟成豚焼肉

モクサルを独自の方法で細かく4つに切り分け、丁寧に焼き上げます。トンマグロサル1人前W1万8000は各組2人前のみ注文可能な数量限定品。
→P.135

PHYPS MART
핍스마트／ピプスマトゥ

人気のグローサリーストア

海外のスーパーをモチーフにしたアパレルブランドのセレクトショップ。オリジナルのファッションアイテムに加え、輸入食材やワインなど幅広い商品がそろいます。
→P.59

個性的なカフェも続々

D

B

C

D

市場の店をハシゴしよう

C

Ⓓ MAILROOM SINDANG
메일룸 신당／メイルルム シンダン

郵便の仕分け棚が隠し扉に！

1階はスタンディングのエスプレッソバー。バリスタが作業するカウンター横に隠し扉が設置され、奥には2〜3階のカフェ空間へとつながる階段が！
[MAP] P.174 F-3 ☎0507-1431-3124 🏠中区退渓路83キル10-71・3F ◷10:00〜21:30(LO21:00) 🔒無休 ♥地下鉄2・6号線新堂駅1番出口から徒歩1分 [新堂洞] @ mailroom_sindang

Ⓒ ソウル中央市場（新中央市場）
서울중앙시장／ソウルチュンアンシジャン

注目度上昇中のローカル市場

おでん（練り物）、ユッケ、豚足、海鮮や干物など名物グルメが目白押し。賑わう店をハシゴしながら楽しんで。
[MAP] P.174 F-3 ☎02-2232-9559 🏠中区退渓路85キル36 ◷7:00〜翌0:00頃(店により異なる) 🔒無休(店により異なる) ♥地下鉄2・6号線新堂駅1・2番出口から徒歩1分 [新堂洞]

퓨전한식

フュージョン韓国料理

マグロとセリ入りのいなり寿司やセリの海鮮チヂミなどセリ尽くしの料理がそろいます

MINARI
미나리／ミナリ

1 豚の醤油煮をセリと一緒に食べるトゥエジジョリム W2万5000 **2** ミナリマキ W1万8000 **3** ミナリヘムルジョン W1万8000

ミナリを使った創作料理と伝統酒を

たっぷりのセリと、鍋やいなり寿司といった和のエッセンスを取り入れた創作料理を提供。伝統酒ハイボール W8000 ～も人気です。

MAP P.179 B-5 ☎010-9585-7805 ♥麻浦区楊花路6キル14 ◎17:00～翌0:30(LO23:50)、金・土曜17:00～翌2:00(LO翌1:20) **&**無休 ♥地下鉄2・6号線合井駅5番出口から徒歩1分 [合井] ◎ minariseoul

Best time!
18:00 シャキシャキ絶品、ミナリに夢中

焼肉、鍋にフュージョン韓国料理まで！

日本では七草粥や鍋のイメージが強いセリ（ミナリ）ですが、韓国では和え物から焼肉まであらゆる場面で大活躍！最近は主役として前面に押し出す店も増えています。

What's

ミナリ

セリのこと。韓国でも旬は春ですが、幅広い料理に使われる身近な食材で一年中堪能できます

샤브칼국수

しゃぶしゃぶカルグクス

1 最後にスープをお玉1杯分だけ残し、ご飯や韓国のりなどと炒めて炒飯を **2** ミナリ、ヒラタケ、牛肉の薄切り、カルグクス(麺)、炒飯の具材がセットのミナリしゃぶしゃぶ1人前 W1万4000(1人前から注文可)。自分で具材を入れて調理する方式です

清道ミナリ食堂
청도미나리식당／チョンドミナリシクタン

三度おいしいミナリしゃぶしゃぶ

ミナリをたっぷり入れるしゃぶしゃぶ鍋が看板メニュー。辛いスープにまずは野菜と肉を入れて味わい、次に麺を入れ、最後はご飯を投入して楽しみます。

MAP P.181 B-3 ☎070-7803-1201 ♥龍山区漢江大路38ガキル7-18 B1F ◎11:00～15:00、17:00～23:30 **&**無休 ♥地下鉄4号線新龍山駅1番出口から徒歩3分 [龍山] ◎ chungdo_minari_yongsan

☆☆☆ 韓国でしゃぶしゃぶといえば上記のスタイルが定番。「加陽カルグクス ポソッメウンタン」(P.137)でも味わえます

삼겹살

サムギョプサル

ミナリを
ギュッギュッ

プルトゥンヌンテジ

풀뜯는돼지／プルットゥンヌントゥエジ

豚焼肉とミナリの絶妙なハーモニー

店主やスタッフはミナリの特産地・清道出
身。スタッフの実家の畑から直送されるの
で、新鮮なミナリを一年中味わえます。

MAP P.178 D-3 ☎0507-1343-1690 🏠麻浦区東橋
路32キル7 ⏰12:00〜22:00 🔒無休 ♥空港鉄道・地
下鉄2号線弘大入口駅3番出口から徒歩5分［延南洞］
◎ pul__pig

1 延南洞の路地に位置 **2** ミナリサムギョプサル1人前W1万50
00（注文は2人前〜）。肉が焼けたら大量のミナリを鉄板の上
へ！ 爽やかな香りをサムギョプサルに移します **3** サイドメニ
ューも充実。ミナリのチヂミ、ミナリジョンW9000 **4** ミナリ
の茎は味噌をつけてそのまま食べられます **5** ミナリラーメン
W4000 **6** ミナリビビンバW9000（味噌チゲ付き）

18:00

世界初! キムチに特化したダイニング

キムチのタパスと
ワインのマリアージュ

豚ひき肉、キキョウの
醤油漬けキムチなどを
白菜で巻いた煮込み料理

カリフラワーのキムチ、
アワビの醤油漬けの
のり巻き

白菜に材料を詰める
ボッサムキムチをモ
チーフにした煮込み
料理、ペチュサムW2
万1000。カリフラワ
ーとアワビのキムチ
の海苔巻き、チョンボ
クジャンキムチチキン
パW1万8000

斬新かつ新鮮な
キムチが主役の創作料理

一口にキムチといっても、唐辛子を使わない白キムチ、醤油で漬ける醤油キムチ、汁だくの水キムチなど種類はさまざま。○N6・5では、知るほどに奥深く韓国の食に欠かせないキムチを主役に据え、ありとあらゆる料理に使用。バジルなど西洋食材を使ったキムチや、キムチを漬ける工程に着想を得た煮込み料理など、驚きと学びに満ちた絶品料理に出合えます。

総括シェフのイ・ジョンスさん。パリで料理を学び、現地の韓国料理店に勤務。帰国後にミシュラン一つ星のBicenaでスーシェフを務め同店へ

✦ ✦ ✦ G-DRAGON×NIKEのコラボを記念したパーティーの会場としても話題に。BTSのRMなど著名人が大勢訪れました

韓国人アーティストの作品が店
内を飾ります。器はセラミストの
ミン・スンギやヨン・ホギョンと
のコラボによるオリジナル

3 ウェルカムドリンク
とサツマイモチップ＆
ムースでキムチを挟ん
だフィンガーフード。お
芋とキムチを一緒に食
べる韓国の文化を表現

1 白キムチとエビをヤン
ニョムで和えのりで巻い
て揚げるキムチティギム
W1万9000。仕上げに水
キムチで作るサワークリ
ームを添えて **2** バジル、エ
シャロット、アスパラのキ
ムチプレートW9000

ON 6.5
온6.5 ／オンユクチョムオ

店名はキムチの発酵に最適な温度に由来

キムチを使った創作タパスとオーガニック
ワインのペアリングを提案するワインダイ
ニング。"キムチ名人"のイ・スンミさんが漬
けたキムチが、ミシュラン一つ星レストラン
出身シェフにより独創的な料理に昇華。

MAP P.177 B-1 ☎010-4278-2024 🏠鍾路区北村路
1キル28 🕐17:30～23:00(LO22:00)、土・日曜15:00
～23:00(LO22:00) 🔓無休 🚇地下鉄3号線安国駅1番
出口から徒歩3分 [北村] 📷 on6.5_seoul

aff seoulはビルの4〜5階で、テラス席も。フロアごとに雰囲気がガラリと変わります **1** 蒸し赤貝の醤油ソースがけArk shell with soy sauce W1万5000

1

Ⓐ

Ⓑ

Ⓐ

地之山石

Ⓐ

Ⓐ

2

1

1 今日のフルーツカクテルW2万。この日はマスカット **2** シグネチャーカクテルのSIREN DOGAM W1万5000。テーブルチャージなし

Best time!

18:00

IN THE **Night** (17:00-21:00)

隠れ家的イイ店があちこちに

ウルチロ

夜の乙支路が楽しすぎる！

時代とともに老朽化した印刷の街が若者の手によって大変身！印刷所をリノベーションした個性派店が増殖中です。

Ⓑ aff seoul
엡 서울／エプ ソウル

ヒップな空間で創作アジアン料理を

各地の屋台料理をベースにしたアジアンダイニング＆ワインバー。店内はアジア各国のカルチャーをミックスした世界観が広がっています。

MAP P.177 C-5 ☎070-4249-5032 🏠中区水標路42-21 4〜5F ⏰17:30〜23:50(ディナーディッシュ LO20:50、ドリンクLO23:30) 🈺月曜 📍地下鉄2・3号線乙支路3街駅11番出口から徒歩2分［乙支路］ 🅰 aff_seoul

Ⓐ Ace Four Club
에이스포클럽／エイスポクルロブ

レトロな雰囲気が心地よいバー

茶房（タバン）と呼ばれる昔ながらの喫茶店があった場所をバーに。"現代の茶房"として気軽に集まって会話ができるようBGMの音は小さめ。

MAP P.177 C-4 ☎010-4248-4244 🏠中区乙支路105 2F ⏰17:00〜翌1:00、金〜土曜翌2:00、日曜〜翌0:00※LO各閉店30分前 🈔無休 📍地下鉄2・3号線乙支路3街駅1番出口から徒歩1分［乙支路］ 🅰 acefourclub

☆ ☆ ☆ Ace Four ClubのSIREN DOGAMは同名のアパレルブランド（◎sirendogam）からインスピレーションを得たカクテルです

1 エビのすり身を中華まんの皮で挟み揚げした麺包蝦（メンポーシャ）W1万8000。練乳をつけて 2 激辛でクセになる麻辣香鍋（マーラーシャングオ）W2万6000

1 Seersucker IPA W7000、Glen Check Amber Lager W7000など 2 トリュフオイルが香るTriple Mushroom Pizza W2万1000

D ウルジメゴッ
을지맥옥／ウルジメゴッ

印刷所を改築して生まれたビアバー

会社員が多いエリアの特徴をロゴに反映したり、照明器具街にちなんでネオンを用いたりと、乙支路らしいエッセンスがあちこちに。

MAP P.177 C-5 ☎02-2272-1825 ♠中区水標路48-16 ⏰15:30～翌2:00 🔒無休 ♀地下鉄2・3号線乙支路3街駅11番出口から徒歩2分［乙支路］🅰euljirobrewing

C JULIA
줄리아／ジュリア

まるで香港映画の世界！

連日賑わう、新感覚のチャイニーズビストロ。オーナーは2人ともデザイナーでロゴ、家具、内装などすべてセルフプロデュースしたそう。

MAP P.177 C-5 ☎0507-1324-1196 ♠中区水標路48-12 ⏰17:00～翌0:00金曜16:00～翌1:00、土曜13:00～翌1:00、日曜13:00～翌0:00※LO各閉店30分前 🔒無休 ♀地下鉄2・3号線乙支路3街駅11番出口から徒歩2分［乙支路］🅰julia_euljiro

20:00

ホテルで、お店で！
チキン＆ビール、チメッで乾杯！

チキン×メッチュ（ビール）の黄金コンビ「チメッ」。今夜はどこで乾杯する？

ハイトエクストラ
コールド
W2800

クリスピー
チキン1羽
W2万1000

カスフレッシュ
W2800

大根の酢漬け
無料

@**HOTEL**
TAKE OUTして
ホテルで
チメッで乾杯！

Ⓑ **チキンケイク**
（骨なし）

ケーキに見立てた容器で提供。ロウソク、飾り付き。写真はエビ入りのテセゴールド味。一部店舗は取り扱いがない場合も

W3万4000

ニンニク好きに！
あと引く
ガーリック系

Ⓑ **クルマヌル**
チキン

ニンニクたっぷりのハニーソースを絡めた甘じょっぱ系

W1万9900

W2万

Ⓐ **マヌルジョンギグイ**
（ニンニクロースト）

夜は、ホテルでまったり飲み会。ベッドで明日の作戦会議もしちゃう。

フライドチキンの専門店はイートインスペースを設けず、テイクアウトや宅配のみで営業していることも。ホテルの近くに販売店があったら、テイクアウトしてコンビニで缶ビールやチューハイを買い込み、部屋で味わうのも大いにアリです。パジャマに着替えて翌日の計画を立てたり、大画面のテレビでお気に入りのK-POPスタアが出演する番組を見たり。チキンとビールさえあれば、ホテルの部屋も最高の飲みスポに！

EAT-IN
揚げたてアツアツ お店で チメッで乾杯!

2種を選べるパンパンチキン W2万5500。写真はヒョドクァリミョルチキン、オリジナルのヒョドパサッチキン

ししとうとじゃこがアクセント

鶏熱社のフライドチキン W2万2000

つぶ貝と素麺のコルベンイソミョン

W2万5000

お店の賑わいを感じながら、ソウルの夜を堪能。

イートインの醍醐味は揚げてチキンとフレッシュな生ビール。サクッと軽い衣、ジュワッとやわらかなお肉を味わう幸福感たるや、筆舌に尽くしがたいものがあります。ここで紹介する鶏熱社は、コンビニよりチキン店の数が多い韓国で「ソウル三大チキン」に数えられる名店。不便な立地もなんのその。連日チキンマニアが押し寄せます。ヒョドチキンはししとう、じゃこ、醤油ダレの組み合わせが絶妙なヒョドクァリミョルチキンをぜひ!

D ヒョドチキン 光化門店
효도치킨 광화문점／ヒョドチキン クァンファムンジョム
既製品不使用でタレも手作り
ミシュラン二つ星レストランの有名シェフ2名がレシピを開発。空間もレトロでおしゃれ。
MAP P.175 B-2 ☎02-737-0628 🏠鍾路区社稷路8キル21-1 ⏰11:30～23:00(LO22:00) 🔒無休 📍地下鉄3号線景福宮駅7番出口から徒歩4分 [光化門] @hyodochicken

C 鶏熱社
계열사／ケヨルサ
韓国産の新鮮な生鶏を使用
注文が入ってから衣を絡め、揚げ時間は約10分間。ホクホクのジャガイモも美味!
MAP P.173 B-1 ☎02-391-3566 🏠鍾路区白石洞キル7 ⏰12:00～22:30、日曜～22:00 🔒月曜 📍地下鉄3号線景福宮駅3番出口からタクシー8分またはバス16分 [城北洞]

B パルンチキン 建大駅ロボット店
바른치킨 건대역 로봇점／パルンチキン コンデヨク ロボッチョム
揚げ油の鮮度を徹底管理
58羽揚げるごとに油を交換し酸価1.0以下をキープ。テイクアウトボックスに何回目に揚げた鶏か記しています。
MAP P.182 F-3 ☎02-466-6001 🏠広津区峨嵯山路29キル7 ⏰15:00～翌1:00、土曜13:00～日曜13:00～翌0:00(LO各閉店1時間前) 🔒無休 📍地下鉄2号線建大入口駅1番出口から徒歩1分 [建大]

A カンプチキン 乙支路3街駅店
깐부치킨 을지로3가역점／カンプチキン ウルチロサムガヨッチョム
2006年誕生の異端児
宅配が定番のチキン業界で異例の配達NGを掲げ大ヒット。イートインがメインですが、テイクアウトもできます。
MAP P.177 C-4 ☎02-2269-3535 🏠中区水標路52-1 ⏰16:00～翌2:00 🔒無休 📍地下鉄2・3号線乙支路3街駅11番出口から徒歩1分 [乙支路]

心地よい静けさの中
自分と向き合う贅沢時間

合井（ハプチョン）に放置されていた靴工
場をリノベーションし、2009
年に誕生したAnthracite。古
いベルトコンベアを用いたカ
ウンターや、年季を感じるコン
クリートの壁がカッコいい！
と話題になり、「壊しては新た
に作る」がスタンダードだった
ソウルに"再生"という流れを

「互いを思いやり、声のトーンは話し相手に聞こえるくらいの大きさで」がルール

IN THE **Night** (17:00-21:00)

Best time!
20:00

慌ただしい日常に小休止。
カフェ
Anthraciteに
静寂を求めて

1 やわらかい光が差し込む日中は庭園を望む窓際の特等席へ **2** 作業や読書をする人も多くカウンター席も充実 **3** コーヒー豆は世界の作家や詩人をイメージして自家焙煎＆ネーミング。ウィリアムブレイクW1万6000ほか

作り出しました。ここ西橋店は2017年に4つ目の店舗としてオープン。

設計、デザイン、接客に至るまで創業者キム・ピョンレ氏の哲学が隅々に溶け込んだ、いわば集大成ともいえる空間です。

店を構成する要素を最大限そぎ落とし、まず取り除いたのが音楽。そう、この空間にはBGMがありません。聞こえてくるのは人が行き交うたびに軋む木の床の音と、コーヒーを淹れるバリスタの心地よい作業音。それでいて極端な窮屈さはなく、読書したり、パソコンに向かったり、ひそひそ声でおしゃべりしたりと、みんな思い思いに過ごしています。

昼間も日の光と庭の緑が美しく格別ですが、より幻想的なのは日没後。一人で一日を振り返ったり、仕事をしたり。優しい静けさに身をゆだねてここで過ごす〝余白〟の時間が、私にとっては最高のご褒美です。

7
8
9
10
11
12
13
14
15
16
17
18
19
20
21
22
23
0
1

Anthracite 西橋店
アントラサイト ソギョジョム／
エントゥロサイトゥ ソギョジョム

止まっていた空間がコーヒーで目を覚ます

「エネルギーを作る無煙炭（Anthracite）のようにコーヒーでエネルギーを作り出す」という思いを込めた店名通り、古くなった空間をコーヒーで再生。住宅を改築した西橋店の空間デザインは日本人デザイナーの真喜志奈美さんとのコラボで生まれました。

MAP P.179 B-4 ☎02-336-7650 ⌂麻浦区ワールドカップ路12キル11 ◯9:00～22:00 ⌂無休 ♀地下鉄6号線望遠駅1番出口から徒歩3分 ［望遠］ ⌗anthracite_coffee_roasters

ドリップコーヒー W7000

コーヒー以外のメニューもあります。エイド、カカオミルク各W9000など

店舗の奥にあるカフェスペース。スナックなどの軽いおつまみも用意されています

伝統酒＆クラフトビール

ウリスルダンダン ソウルの森店
우리술당당 서울숲점／
ウリスルダンダン ソウルスプチョム

韓国産酒約400種類を扱う

若き兄弟が共同運営する韓国産酒のボトルショップ＆カフェ。マッコリ作り体験（要予約、1人W6万5000）も行っています。

(MAP)P.183 B-2 ☎0507-1336-6874 ⬆城東区往十里路5キル9-20 B1F ⏰11:30 ～ 22:30 🔒月曜 📍水仁・盆唐線ソウルの森駅5番出口から徒歩4分［ソウルの森］⧉ sooldangdang

1 カフェで提供するマッコリカクテル各W6500 **2** お酒がずらり **3** 梅の花入りのマッコリ、延禧梅花W1万2000 **4** シードルのヨセロゼW1万7900 **5** 梨が原料のハニームンベW1万7900 **6** 朝鮮三大名酒の一つ、甘紅露W4万5000

ボトルショップ

1 オミジャマッコリONZI OH! W1万5500 **2** Cマッコリ シグニチャーナインW1万4500 **3** タレンイファーム ユズマッコリW4500 **4** Ash Tree BreweryのダブルIPA、BLOOD EAGLE W9500 **5** 店主のキム・ホイルさん。お酒の特徴を詳しく教えてくれます

酒流社会
주류사회／ジュリュサフェ

伝統酒＆クラフトビール

日本語堪能な店主におすすめを尋ねて

数年前にマッコリ専門学校に通い知識を養ったオーナーが独自に厳選。マッコリからクラフトビールまで100種以上が並びます。

(MAP)P.179 B-4 ☎010-2185-8139 ⬆麻浦区楊花路45 メセナポリスモールB1F B139号 ⏰13:00 ～ 21:00 🔒無休 📍地下鉄2・6号線合井駅10番出口から徒歩3分［合井］⧉ sool_society

♢ ♢ ♢ 北村の伝統酒ギャラリー（P.54）では伝統酒ソムリエによる予約制の無料試飲会も実施されています

SEOUL GYPSY

서울집시／ソウルジプシ

韓方や韓国固有の食材をビールに活用

ほかの醸造所の設備を借りてお酒を作る
「ジプシーブルーイング」から始まった小規
模ブルワリー。タップは常時8〜10種を用意。
MAP P.177 C-2 ☎02-743-1212 🏠鍾路区西巡邏キル
107 🕒16:00〜23:00、土・日曜15:00〜 🔒月曜 🚇地
下鉄1・3・5号線鍾路3街駅7番出口から徒歩5分 [ソス
ンラギル] 📷 seoulgypsy

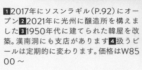

韓屋

1 2017年にソスンラギル（P.92）にオープ
ン **2** 2021年に光州に醸造所を構えま
した **3** 1950年代に建てられた韓屋を改
築。漢南洞にも支店があります **4** 扱うビ
ールは定期的に変わります。価格はW85
00〜

Best time!

20:00

今夜はどっちで楽しむ？

ボトルショップで 伝統酒
or 韓屋で クラフトビール

マッコリなど伝統酒がお好みなら、韓国各地のお酒を扱う専門のボトルショップへ。
伝統家屋の韓屋をリノベーションしたタップルームやバーで飲むクラフトビールも格別です！

独一酒択

독일주택／ドギルジュテッ

コンセプトは"一人で好きなお酒を飲む家"

写真家のオーナーが祖母の韓屋を改装しカ
フェ＆バーに。アメリカの小規模ブルワリ
ーから仕入れるクラフトビールが充実。
MAP P.174 D-1 ☎02-742-1933 🏠鍾路区大明キル
16-4 🕒16:00〜翌1:00、金曜15:00〜、土・日曜14:00
〜 🔒無休 🚇地下鉄4号線恵化駅4番出口から徒歩2分
[大学路] 📷 germany_house

1 天気のいい日は小さ
な庭に並ぶテラス席で
一杯 **2 3** 韓屋ならでは
の趣と木の温もりが魅
力です **4** Old Rasputi
n, Imperial Stout W1
万2000 **5** Heretic E
vil Twin Red Ale W1万
1000。ノンアルコー
ルカクテルやコーヒー
もあります

今日、何食べる?

夕食 編

藁でいぶし焼きにした
骨付きカルビがドン!

夢炭の
ウデカルビ(1人前)
W3万2000

夢炭の
玉ねぎチャーハン
W5000

〆のチャーハンもマスト!

Ⓐ 最後は刻んだ玉ねぎキムチを混ぜたチャーハンを。
骨についた肉も切り落として入れてくれます

Ⓐ 朝から行列ができる超人気店の骨付き
牛カルビ。藁とともに下焼きした肉は香
りがよく、とてもやわらか。11時から順
番待ちリストの記入が始まりますが、遅
くても平日は10時、週末は9時半までに
行かないと1回転目に入れないそう

並んでも食べたい!

焼き肉・豚足・鶏の丸焼き…etc.

고기

肉典食堂1号店の
モクサル(1人前)
W1万7000

サムギョプサルと
モクサルも一緒に

Ⓑ 酢醤油ネギソー
スやとんかつソー
スなど、タレも珍
しいものを用意

もみ殻と備長炭で
香ばしく焼き上げる

分厚くてジューシー!

Ⓒ やわらかい豚のモクサル(肩ロース)。分
厚いかたまりのまま焼き始め、ほどよいと
ころで一口大に切り分けていきます。塩や
ワサビをつけてもおいしい!

直火匠人の
トンマグロサル(1人前)
W1万8000

Ⓑ 豚肉をマグロに
例えた「トン(豚)
マグロサル」。脂身
の多さで4部位に
分け、それぞれに
適した焼き加減で
提供します

※焼肉類の注文は2人前〜が基本です

134

好きな野菜を食べ放題！

多菜 東大門店の
肉炒めめサンバ定食
（1人前）W1万8000

新感覚の揚げ豚足

クムムチョッパル 本店の
クァリティギムチョッパル
W3万8000

聖水チョッパルの
チョッパル（中）
W4万

ブナの木で
直火焼きに！

鶏流館の
チャムナムヌンイ薪焼き
W2万

鶏の中にもち米がぎっしり

D 店内の野菜コーナーから、新鮮な葉野菜を好きなだけ取ってこられるシステムが楽しい！ 豚肉のピリ辛炒めとご飯を包んで食べましょう

E チョッパル（豚足）は韓国ではポピュラーな食べ物。お肉はプルプルでやわらかく、豚足のイメージが覆ります！

F 揚げた豚足に、同じくカリッと上がったシシトウをのせたもの。ザクッ、モチッとした食感が楽しい！

G 栄養価の高いヌンイ（コウタケ）や銀杏、もち米を詰めた鶏の丸焼き。マッコリと相性抜群

オヌルムォモッチ？

オヌルムォモッチ？

A 夢炭
몽탄／モンタン
MAP P.181 C-1 ☎02-794-8592 🏠龍山区白凡路99キル50 ⏰12:00～22:00(LO21:00) ♦無休 ♥地下鉄4・6号線三角地駅8番出口から徒歩1分［新龍山］ @mongtan_official

B 直火匠人
직화장인／チクァジャンイン
MAP P.174 F-3 ☎070-4010-2416 🏠中区蘭渓路11キル5 ⏰16:00～22:00(LO21:30)、土・日曜12:00～ ♦無休 ♥地下鉄2・6号線新堂洞2番出口から徒歩3分［新堂洞］ @jika_master_

C 肉典食堂 1号店
육전식당 1호점／ユクチョンシッタン イロジョム
MAP P.172 D-2 ☎02-2253-6373 🏠東大門区蘭渓路30キル16 ⏰11:00～15:00、16:00～22:00(LO21:00) ♦無休 ♥地下鉄1・2号線新設洞駅10番出口から徒歩1分［新設洞］

D 多菜 東大門店
다채 동대문점／タチェ トンデムンジョム
MAP P.174 F-3 ☎02-2231-3392 🏠中区馬場路1ガキル23 DWPビル 9F ⏰10:00～22:00(LO21:00)、土曜～21:00(LO20:00) 🔒無休 ♥地下鉄1・4号線東大門駅8番出口から徒歩12分［東大門］

E 聖水チョッパル
성수족발／ソンスチョッパル
MAP P.182 D-2 ☎02-464-0425 🏠城東区緯堤山路7キル7 ⏰12:00～22:00 ♦無休 ♥地下鉄2号線聖水駅1番出口から徒歩2分［聖水］

F クムムチョッパル 本店
그믐족발 본점／クムムチョッパル ポンジョム
MAP P.173 A-4 ☎02-6104-6453 🏠永登浦区京仁路79キル21 ⏰16:00～22:30(LO22:00) 🔒月曜 ♥地下鉄2号線文来駅7番出口から徒歩8分［文来］ @geumeumjokbal

G 鶏流館
계류관／ケリュグァン
MAP P.174 F-3 ☎02-2235-6189 🏠中区退渓路87キル15-17 102,103号 ⏰16:00～23:30(LO22:30) ♦無休 ♥地下鉄2・6号線新堂駅2番出口から徒歩1分［新堂洞］ @wood_fire_bamm

海の幸も美味なんです！

海鮮料理

해산물

タコ、ホルモン、エビの
甘辛×プリプリ絶品鍋！

Ⓐ 青唐辛子の肉詰めを揚げたコチュティギムW6000

Ⓑ 生きたタコを丸ごと鍋へ入れ、コチュジャンソースで野菜と共に炒め煮にする豪快な料理。注文は2人前から

ペッコドンの
サンナッチジョンゴル
（1人前）
W3万

Ⓐ ナクチ（タコ）、コプチャン（ホルモン）、セウ（エビ）を甘辛いタレで炒め煮する鍋料理のナッコプセ。こちらではコプチャンの代わりに韓牛のテチャン（大腸）を使用し、より一層リッチな味わいです

ビョンファヨンナムの
ナッコプセ鍋(小)
W3万5000

Ⓒ 韓国海苔ととびこがのったセットのご飯。カニの甲羅に入れて味噌と混ぜて食べても美味

Ⓐ ビョンファヨンナム
평화연남／ピョンファヨンナム
MAP P.178 D-2 ☎02-322-8292 🏠麻浦区東橋路254-1 ⏰11:30 ～ 22:30(LO21:30)※月～金曜ブレイクタイム15:30 ～ 16:30 🈵無休
📍空港鉄道・地下鉄2号線弘大入口駅3番出口から徒歩7分 ［延南洞］
📷 pyeonghwa_yeonnam_official

Ⓑ ペッコドン
뱃고동／ペッコドン
MAP P.185 C-1 ☎02-514-8008 🏠江南区彦州路172キル54 B1F ⏰11:30～22:00(LO20:50)、日曜・祝日12:00～ 🈵無休 🚇水仁・盆唐線狎鷗亭ロデオ駅6番出口から徒歩5分 ［狎鷗亭］

とびこご飯やヤンゴムジャンソン付き

Ⓒ ミョン・ヒョンマン
カンジャンケジャン食べ放題
合井本店
명현만간장무한리필 합정본점／ミョンヒョンマンカンジャンケジャンムハンリピル ハプチョンボンジョム
MAP P.179 B-4 ☎0507-1302-3837 🏠麻浦区楊花路45 メセナポリス123 ～ 129号 ⏰11:00 ～ 22:00(LO21:30) 🈵無休 🚇地下鉄2・6号線合井駅10番出口から徒歩1分 ［合井］

ワタリガニとエビの
醤油漬けを一度に！

雌ワタリガニ定食
W2万8900

Ⓒ 定食のほかカンジャンケジャンの食べ放題メニューもあり。コスパを求めるならここへ

오늘 뭐 먹지?

オ ヌル モ ジ?

\ みんなで食べたい！ /

鍋料理

탕 & 찌개 & 전골

**シンミ食堂の
カムジャタン(小)
W3万3000**

Ⓓ 大きな豚の背骨肉
とジャガイモ入りの
ピリ辛鍋

ホロホロの豚肉が
まい(美)しいです♡

シチューみたいなプデチゲ

**加陽カルグクスポソッメウンタンの
ポソッメウンタン
(1人前) W1万3000**

Ⓕ 大量のきのことセリを煮込んだ
鍋。途中で麺を入れて、シメは炒飯
を作って3度楽しめます

**バダ食堂の
ジョンスンタン(2人前)
W2万4000**

Ⓔ スパムやソーセージ、チーズ
が入ったやや辛いスープ。サラ
サラなのにコクがあります

ニンニクが効いてる！

**陳玉華ハルメ元祖タッカンマリの
タッカンマリ
W2万8000**

Ⓖ 鶏を一羽丸ごと煮るタッカンマリ。
鶏肉を酢醤油と唐辛子のタレにつけて
食べたら、最後は麺を投入！

やさしい味のスープがしみる

Ⓓ シンミ食堂
신미식당／シンミシッタン
(MAP)P.185 C-1 ☎02-516-4900 🏠
江南区 狎鷗亭路214 ⏰11:00～
15:00、17:00～22:00 🔒土曜 📍地
下鉄3号線狎鷗亭駅2番出口から徒歩
3分 [狎鷗亭]

Ⓔ バダ食堂
바다식당／バダシッタン
(MAP)P.180 E-3 ☎02-795-1317 🏠龍
山区梨泰院路245 2F ⏰11:30～
22:00 🔒第1・3・5月曜 📍地下鉄6号
線漢江鎮駅1番出口から徒歩6分 [漢
南洞]

Ⓕ 加陽カルグクス
ポソッメウンタン
가양칼국수버섯매운탕／
カヤンカルグッス ポソッメウンタン
(MAP)P.173 A-4 ☎02-784-0409 🏠
永登浦区国際金融路78 ホンウビル
B1F ⏰11:30～21:00 🔒無休 📍地下
鉄9号線セッカン駅2番出口から徒歩8
分 [汝矣島]

Ⓖ 陳玉華ハルメ
元祖タッカンマリ
진옥화할매원조닭한마리／
チンオクァハルメ
ウォンジョタッカンマリ
(MAP)P.176 F-3 ☎02-2275-9666 🏠
鍾路区鍾路40ガキル18 ⏰10:30～
翌1:00(LO23:30) 🔒無休 📍地下鉄
1・4号線東大門駅9番出口から徒歩5
分 [鍾路]

NIGHT TIPS

漢江沿いの季節限定ナイトマーケットや、ライトアップが美しい夜景スポットへ！

©stockforyou/shutterstock.com

ロッテワールドタワー
롯데월드타워／ロッテウォルドタウォ

MAP P.172 F-4 ☎02-3213-5000 🏢松坡区オリンピック路300 🕘9:30～22:00（施設により異なる）🈺無休 📍地下鉄2・8号線蚕室駅1・2番出口直結［蚕室］

한강 달빛 야시장

毎年期間限定で開催！
漢江公園のナイトマーケット

©LegoCamera/Shutterstock.com

漢江月光夜市
한강 달빛 야시장／
ハンガン タルピッ ヤシジャン
📷 hangangmoonlightmarket
URL https://
hangangmoonlightmarket.org/

2015年に「ソウルパムトッケビ夜市」としてスタートし、毎年夏に開催されていたナイトマーケット。2019年以降は新型コロナウイルスの影響で中止になっていましたが、2022年に「漢江月光夜市」の名で再開しました。汝矣島漢江公園や盤浦漢江公園に、フードトラックや屋台が並び、お祭りのような盛り上がりで、会場となる漢江公園に、なるので、公式サイトやSNSでチェックを。開催日時や場所は毎年異なるので、公式サイトやSNSでチェックを。

야경

山頂で、漢江で、街中で
キラキラの夜景を眺める

毎晩ライトアップされるNソウルタワーには海抜479mからソウルを一望できる展望台が。入場料は大人W2万1000。南大門からソウル駅まで繋がる空中の遊歩道ソウル路7017は夜散歩にぴったりです。盤浦漢江公園は橋から飛び出す水がレインボーに彩られる噴水のショーが見もの。ロッテワールドタワーは韓国一の高さを誇る展望台があり、眺めが抜群です。

©Nghia Khanh/Shutterstock.com

ソウル路7017 서울로 7017／ソウルロチルゴンイルチル

MAP P.174 B-4 🏢中区退渓路 一帯 📍地下鉄4号線ソウル駅2番出口、地下鉄4号線会賢駅4番出口から徒歩3分［ソウル駅／南大門］

©photo creator CH/Shutterstock.com

盤浦漢江公園 반포한강공원／パンポハンガンコンウォン

MAP P.173 C-4 🏢瑞草区新盤浦路11キル40 盤浦漢江公園内 月光レインボー噴水 🕘12:00、19:30、20:00、20:30、21:00、7～8月は21:30も開催 📍地下鉄3・7・9号線高速ターミナル駅8-1番出口から徒歩15分［盤浦］

Nソウルタワー N 서울타워／エンソウルタウォ

MAP P.175 C-5 🏢龍山区南山公園キル105 ☎02-3455-9277 📍地下鉄4号線明洞駅3番出口からケーブルカー乗り場まで徒歩15分［南山］

IN THE NIGHT (17:00-21:00)

먹자골목

うまいもの横丁

地元の人が集まるグルメ通り
うまいもの横丁へGO!!

韓国には「モッチャコルモク」と呼ばれるうまいもの横丁があります。カルビ横丁、豚足横丁というように同じ種類の店が軒を連ねます。チキン横丁には太鼓判を押すローカルグルメがずらり。チキンチェーンが集まる明洞チキン通りは夏になると野外にテーブルが設置され、ビアガーデンのような雰囲気に！

地元の美食家が太鼓判を押すローカルグルメがずらり。

明洞チキン通り
명동 치킨골목／ミョンドンチキンコルモッ
[MAP] P.177 B-5 ●中区明洞7キル21周辺 ●地下鉄2号線乙支路入口駅6番出口から徒歩3分［明洞］

ほかにもある！うまいもの通り

カルビ	**聖水洞カルビ通り**
	성수동갈비골목／ソンスドンカルビコルモッ
	[MAP] P.183 B-2 ●城東区ソウルの森4キル27 ●地下鉄2号線トゥクソム駅8番出口から徒歩4分［聖水］

焼肉	**鍾路3街焼肉店横丁**
	종로3가고기집골목／チョンノサムガコギチッコルモッ
	[MAP] P.177 C-3 ●敦化門路11ガキル一帯 ●地下鉄1・3・5号線鍾路3街駅6番出口からすぐ［鍾路3街］

タッカンマリ	**東大門タッカンマリ横丁**
	동대문닭한마리골목／トンデムンタッカンマリコルモッ
	[MAP] P.176 E-3 ●鍾路区鍾路5街37-7一帯 ●地下鉄1・4号線東大門駅9番出口から徒歩5分［東大門］

豚足	**孔徳洞チョッパル横丁**
	공덕동족발골목／コンドッドンチョッパルコルモッ
	[MAP] P.173 B-3 ●麻浦区孔徳洞256-10 孔徳市場内 ●地下鉄5・6号線孔徳駅5番出口から徒歩1分［孔徳］

カルグクス	**南大門カルグクス横丁**
	남대문칼국수골목／ナムデムンカルグックスコルモッ
	[MAP] P.175 B-4 ●中区南倉洞64-13 ●地下鉄4号線会賢駅5番出口から徒歩1分［南大門］

| ユッケ | **広蔵市場ユッケ通り** |
| | →P.23 |

네컷사진

4カット写真

街中のいたるところに！
フォトブースで写真を撮る

韓国では街のいたるところにフォトブースが並ぶ無人店舗があり、24時間撮影を楽しめます。各店被り物やサングラスなどの小物が用意され、機種によって写真の質感やカメラの角度に違いがあるのもポイント。最近はDON'T LXXK UPのように、カメラが頭上に設置され、ダイナミックな構図が撮影できる機種も登場し、話題です。人気ブランドやカムバック中のアイドルとコラボした期間限定フレームも頻繁に登場するので要チェック！

DON'T LXXK UP
돈룩업／ドンルゴッ
📷 dontlookup.official

上からの撮影も！

フレームいろいろ

HARU FILM
하루 필름／ハルピルム
📷 haru.film_

飲食店で気をつけたいこと

人気飲食店は行列必至！店頭の機械に登録を

人気店は店頭の機械に名前と連絡先を登録して待機するのが主流なので電話番号付きのSIMを利用すると便利。番号がない場合はお店の人に声をかけて。

飲食店のトイレは店の外にあることも

トイレは店外で他店と共用という店も多数。パスワードや鍵の位置は店員に尋ねましょう。私たちは防犯のため2人以上でトイレまで行くようにしています。

HOFと呼ばれる昔ながらの飲み屋をモダンにアレンジした「LUCKY HOF（HOPE）」（P.147）。名物のミントソジュで乾杯！

IN THE

Midnight

21:00 - 00:00

ソウルの真価は深夜に発揮される、と断言します。隠れ家すぎて知らないとたどり着けないバー、路上に出現するビアガーデン、真夜中のショッピング…などなど、楽しいスポットがいっぱい！　寝不足覚悟で遊び尽くして。

7664

낙지불고기
갈치조림
오징어불고기
동태찌개
부대찌개
김치전골
제육쌈밥

21:00

スピークイージー or ルーフトップ？

隠れ家バーで
ソウルの夜に乾杯♪

隠し扉の奥に広がるスピークイージーやNソウルタワーを望む絶景スポットなど、知る人ぞ知る隠れ家バーへ！

1階はカウンター、2階（写真）は
掘りごたつ式のテーブル席

冷蔵庫の扉が
バーの入口！

1 一番奥の冷蔵庫が店への入口 **2 3** 季節のフルーツジュースW7000〜、カクテルW1万6000〜。2階の注文はフロアに設置された公衆電話から。1階カウンターに直接頼んでもOK

Jean Frigo

スピーク
イージー

장프리고／ジャンプリゴ

青果店を装ったカフェ＆バー

青果店のような見た目ですが、冷蔵庫の奥におしゃれなカフェ＆バーが。季節の果物を使ったジュースなどノンアルコールドリンクも充実。

MAP P.176 F-5 ☎02-2275-1933 ⚑中区退渓路62キル9-8 ⏰17:00〜翌1:00 🔒月曜 🚇地下鉄2・4・5号線東大門歴史文化公園駅4番出口から徒歩4分［東大門］

📷 jeanfrigo_official

Le Chamber

スピーク
イージー

르챔버／ルチェムボ

一流バーテンダーのカクテルを

バーテンダーの国際大会で受賞経験のあるオーナーが2014年にオープン。貴族が楽しむ空間をコンセプトにした高級バーで、常連には芸能人も多数。

MAP P.184 D-1 ☎010-9903-3789 ⚑江南区島山大路55キル42 B1F ⏰19:00〜翌3:00、金・土曜〜翌4:00、日曜〜翌2:00 🔒無休 🚇水仁・盆唐線狎鷗亭ロデオ駅4番出口から徒歩1分［狎鷗亭］

📷 le_chamber

1 カクテルW2万7000〜、カバーチャージW1万。金〜日曜は予約するのがおすすめ **2** 本棚の隠しボタンを押すと店内への扉が開きます

IN THE
Midnight
［21:00〜00:00］

★ ★ ★　Jean Frigoのオーナーは新堂洞のスピークイージーバー、酒神堂（P.120）もプロデュース

142

ソウルタワーが見える!

1

2

3

ルーフ
トップ

SEOUL LUDENCE
서울루덴스／ソウルルデンス

Nソウルタワーを望む隠れ家スポット

経理団キルの坂の上に位置するカフェ＆バー。夏は店内の窓が開放され、ヤシの木を配したテラススペースが拡大。心地よい夜風を感じられます。

[MAP] P.180 D-2 ☎02-795-4151 🏠龍山区フェナム路69 2F ⏱13:00〜翌2:00 🔓無休 🚇地下鉄6号線緑莎坪駅2番出口から徒歩19分［経理団キル］

1 2 テラス席もありますが、室内からもNソウルタワーがよく見えるので冬もおすすめです。昼間の景色も最高なので日中はカフェとして利用しても 3 モヒートW1万8000。店頭に目立つ看板が出ていないので見落とさないようご注意を

左側縦軸の数字：7 8 9 10 11 12 13 14 15 16 17 18 19 20 **21** 22 23 0 1

143

Best time! 21:00

魅惑のドラッグストアショッピング…！

困った、 "オリヤン"から 出られない！

韓国No.1の店舗数を誇るヘルス＆ビューティーショップOLIVE YOUNG、略してオリヤン。優秀アイテムの宝庫すぎてつい長居してしまいます！

> 歯に塗ると 白くなる!?

ホワイトニングが 充実！
デンタルケア

❶SNSで話題のホワイトニング歯磨き粉Vussen28 W1万1000❷歯磨き粉BYCOLOR W1万❸EUTHYMOLホワイトニングブースター＆パッチW2万4900❹歯磨き粉EUTHYMOLホワイトニングW1万5900

> ドライヤーの 熱から髪を守る

ダメージヘアの 救世主
ヘアケア

❾GROWUSダメージセラピーノーウォッシュトリートメントW2万6000❿moremoヘアオイルミラクル2XW1万9000⓫脱毛を抑えるシャンプー Dr.FORHAIR Folligen Bio-3 W2万4000

> ヨモギ成分で 肌を鎮静！

お肌の悩みを解決！
スキンケア

❺化粧水が染み込んだトナーパッド。It's Skin POWER 10 FORMULA LIトナーパッドW2万5000❻HANYUL新芽のヨモギ水分鎮静パッドW2万9000❼肌を落ち着かせる化粧水Anuaドクダミ77トナー W4万5000❽goodalドクダミ鎮静水分トナー W3万

> 付けはずし カンタン♪

旅行中にも 使いたい！
マスクパック

⓬Torriden ダイブイン低分子ヒアルロン酸マスクW3万（10枚）⓭毛穴を引き締めるnumbuzin3番 すべすべキメセラムパックW1万6000（4枚）⓮d'AlbaホワイトトリュフナリシングマスクW5000

OLIVE YOUNG 江南タウン
올리브영 강남 타운
オリブヨン カンナム タウン

韓国国内に1200以上の店舗を展開

2022年11月にリニューアル。3階建ての大規模店舗で、コスメだけでなくお菓子やワインなどの食品類も充実！

MAP P.185 B-4 ☎02-532-7444 🏠瑞草区江南大路429 🕙10:00〜22:30 🔒無休 🚇地下鉄2号・新盆唐線江南駅10番出口から徒歩4分 ［江南］ ⓞ oliveyoung_official

食べてキレイに！
サプリ＆お菓子系

⑱ベーグルチップハニーバター味W2700 ⑲むくみが取れるnothing better LUV TEAカボチャ茶W7900 ⑳人気のビタミン剤orthomol immunマルチビタミン＆ミネラルW3万8000（7本入り）㉑CentrumマルチグミW1万2000

いい香りに夢中
フレグランス

⑲OHSCENTパフュームサシェ各W7000。クローゼットに入れて⑯服についた焼肉の臭いを消すスプレー、シャプランケアネムセBBAAM!W9400⑰W.DRESSROOMライフハンドクリームW1万2500

"ビタミン界のエルメス"

ニオイ消しに！

ニキビもシワもケア
パッチ

㉒MARSHIQUEリンクルリペア眉間のシワパッチW1万2900 ㉓同じブランドのほうれい線パッチW1万2900 ㉔ニキビに貼るACROPASSトラブルキュアW9800（6枚入り）

付けはずしカンタン♪

針型エッセンスがニキビに効く！

貼るだけお手軽！
ネイルチップ

㉕貼るだけでもOKなジェルネイルシール、EDGEUマグネットショップネイルW1万 ㉖簡単に付け替えられるジェルネイルチップ、DASHING DIVA MAGIC PRESS各W1万4800

知っておきたいドラッグストアショッピングのマメ知識

TIPS 3　日本のほうが安い!? 価格比較はぬかりなく

商品や時期によっては日本からネットで買ったほうが安いことも。サイトやオンライン免税店と比較してから買うのがおすすめ。

TIPS 2　TAXフリー処理をしてもらおう

1店舗での会計がW3万以上W30万未満の場合はパスポートを提示するだけで免税価格に。手続きなしで即時還付されます。

TIPS 1　買い物袋＝ボントゥ 韓国でも有料です

OLIVE YOUNGは持ち手のない紙袋に商品をつめてくれますが、手提げは有料で紙袋W100。袋は韓国語で봉투（ボントゥ）です。

Best time!

21:00

ローカルはこう遊ぶ!

ツウでヒップな
夜の過ごし方

情緒あふれる飲み屋横丁から、若者に人気の居酒屋まで。ローカルが集まるツウな夜スポへご案内。

ツウ度 ★★★

1 熱気ムンムン!
路上飲み通りで乾杯

鍾路3街駅の周辺には屋台や居酒屋が集まり、飲み屋通りを形成しています。春〜秋は車道ギリギリまで簡易テーブルが並び、連夜大盛り上がり。活気を楽しみましょう。

鍾路3街屋台通り
종로3가 포차거리／
チョンノサムガ ポチャゴリ

MAP P.177 C-3 🏠鍾路区敦化門路11キル ⏰17:00頃〜翌0:00頃 🔒無休 🚇地下鉄1・3・5号線鍾路3街駅3〜6番出口からすぐ [鍾路3街]

鍾路3街駅の3番出口と4番出口の中間にある「ノダジポチャ」。平日は20時頃、週末は17時頃から野外テーブルが設置されます。海鮮ニラジョンW1万8000など

ツウ度 ★★

2 ネオン輝くネオ居酒屋で 噂のミントソジュに挑戦!

2023年2月オープン。韓国のHOFという昔ながらの飲み屋を現代風にアレンジし、店内には韓国の90年代をイメージしたアイテムが並びます。

LUCKY HOF（HOPE）
럭키호프／ロッキホプ

MAP P.181 A-4 ☎02-790-1519 🏠龍山区漢江大路15キル19-4 🕙18:00～0:00（LO23:00）、土・日曜17:00～ 🔒月曜 📍地下鉄4号線新龍山駅3番出口から徒歩8分 ［新龍山］ @lucky.hof

ミント味のオリジナル焼酎、ラッキーソジュ ミントW1万8000が話題に。エゴマ油ビビン麺とコルベンイW1万9000など

炭酸で割る
ミントソジュ

ツウ度 ★★

3 レトロかわいい海鮮居酒屋で 韓国式刺身をつまみに一杯!

海鮮居酒屋では、韓国式に酢コチュジャンをつけたり野菜で包んでお刺身を食べてみて。2人でメイン料理1つ、3～4人でメイン料理2つ注文必須というルールあり。

オハンノ
어항로／オハンノ

MAP P.181 C-2 ☎010-4513-1180 🏠龍山区漢江大路52キル17-4 🕙17:00～翌0:00（LO23:00）、土曜16:00～ 🔒日曜 📍地下鉄4号線三角地駅3番出口から徒歩3分 ［新龍山］ @uh.hang.ro

カンパチなど日替わり
3種が味わえる今日の
熟成刺身W3万9000

海鮮盛り合わせ
W3万9000

甘辛酸っぱい
混ぜ麺

辛くない麺も
美味しい

辛ラーメンが
ヘルシーに！？

爆買い不可避！
インスタント麺 が ウマすぎ問題。

インスタントでも
罪悪感なし！

チャプチェも
あります

してシェアしよう！

みやげは食後にスーパーで

げ探し！ 手頃な価格で、韓国ならではのものが手に入ります。

韓国のり は つい業者なみに 買ってしまう。

ザクザクして
香ばしい

お茶系 も韓国ならでは！

テトックス
効果あり

少し甘い
プルコギ味

A 平麺に甘じょっぱいソースをかけるチャジャン麺W6800（4袋）B 牛骨スープのわかめスープラーメンW5680（4袋）C 気軽に作れるレトルトチャプチェ W5980（4袋）D すっきりピリ辛のラーメンW7800（4袋）E りんごエキスが入った甘酸っぱくて辛いビビン麺W3650（4袋）F 麺がもちもちしているビビンチョル麺W3580（4袋）G ノンフライの辛ラーメンW4580（5袋）H トウモロコシのヒゲ茶のティーバッグW5000（50個）I もとの形がコプチャン（ホルモン）のようにくねくねとしていることから名付けられたコプチャンのり。厚手でザクッとした食感が特徴W6990（20袋）J プルコギ味ののりW1万1480（24袋）。キムチ味もあり K アワビ醤油味のふりかけのりW5980（2袋）

大型スーパー

emart 麻浦店
이마트 마포점／イーマート マポジョム
新世界系列の大型スーパー。麻浦店は空港鉄道も乗り入れる孔徳駅の近くにあり、アクセスが便利です。
MAP P.173 B-3 ☎02-2197-1234 🏠麻浦区白凡路212 ⏰10:00〜23:00 🔒第2・4日曜 📍空港鉄道・地下鉄5・6号線孔徳駅7番出口から徒歩1分[孔徳]

大型スーパー

Home plus 合井店
홈플러스 합정점／ホームプラス ハプチョンジョム
複合ショッピングモール「メセナポリス」内に位置。食料品から日用品まで幅広い品ぞろえです。
MAP P.179 B-4 ☎02-6938-8800 🏠麻浦区楊花路45 メセナポリスモール B2F ⏰10:00〜翌0:00 🔒第2・4日曜 📍地下鉄2・6号線合井駅10番出口から徒歩1分[合井]

高級系

GOURMET494
고메이494／ゴメイサグサ
ギャラリア百貨店の地下の食料品フロア。各地の質のいい商品がずらり。
MAP P.184 D-1 ☎02-3449-4061 🏠江南区狎鴎亭路343 名品館WEST B1F ⏰10:30〜20:00、金・土・日曜〜20:30 🔒第1回不定休 📍水仁・盆唐線狎鴎亭ロデオ駅7番出口直結[狎鴎亭]

日中ならココも！

⭐⭐⭐ スーパーやコンビニの「1+1」という表示は"1つ買えばもう1つおまけ"という意味。2つレジに持って行けば1つはタダになります！

自宅用＆あげる用に
スナック類 はこれを買います。

バナナのチョコパイ

手が止まらないのりチップス

ほどよく辛いコチュジャン味

Best time!
22:00
大容量をイッキ買い
バラマキ
宿に戻る前に、遅くまで開いている大型スーパーでおみや

おかずになる炒めキムチ

食材＆調味料 を買って
家でも韓国キブン。

麻薬ソースって呼んでます

お店の味を手軽に再現！

Ⓛ炒めコチュジャン味のポテチW2720Ⓜバーベキューソースにつけて食べるポテトスティックW2720Ⓝのりにもち米の衣をつけて揚げたキムブガク。オリジナル、ニンニク味、キムチ味各W2320Ⓞチョコパイのバナナ味W4320Ⓟ風味が強いごま油W9800Ⓠビビン麺のソースだけ商品に。低カロリー版も登場W3980Ⓡ老舗チキンチェーン、BBQチキンのヤンニョムチキンソースW3990Ⓢ有名チェーン、ペリカーナのヤンニョムソース。唐揚げにかけるとヤンニョムチキンの味に。W4080Ⓣご飯に合う炒めキムチW7980（5袋）Ⓤサムギョプサルにつける味噌ダレ、サムジャンW3780ⓋタブレットタイプのイワシダシW9900Ⓦ牛肉入りの炒めコチュジャンW6480（3本）Ⓧ全粒粉ホットミックスW4900

22

ロッテマート ソウル駅店
롯데마트 서울역점／ロッテマトゥ ソウルヨッチョム
ソウル駅からすぐ！の便利なスーパー
食料品フロアからコスメ売場、フードコートまで備える。観光客が多い土地柄、日本語表示やEMSでの配送サービス（有料、月・金・土曜のみ）、TAX REFUNDもあり、使い勝手バツグン！
MAP P.175 B-5 ☎02-390-2500 ⊕中区青坡路426 ◷10:00～翌0:00 🔒第2・4日曜 🚇空港鉄道・地下鉄1・4号線・京義・中央線ソウル駅1番出口から徒歩2分［ソウル駅］

無印良品も入店！
韓国限定商品が話題の「無印良品」も3階に。コスメや生活雑貨売場もあり、一度に買えて便利です。

大きな荷物はNG
大きな荷物は持ち込めないので、入口のロッカーに預けて。あとは日本同様、カートを取り売り場へ。

Best time!
22:00

洋服からアクセサリーまで全部揃う！

nyu・nyuで
深夜のショッピング

小売＆卸売のファッションビルが並び深夜まで
買い物を楽しめる東大門。問屋さんはハードル
が高いという人はnyu・nyuがおすすめです。

> アクセサリー
> が特に充実！

東大門Night Shopping Tips

DOOTAは店ごとに閉店時間が違う

ショッピングからグルメ
まで一度に楽しめるDO
OTA MALL。24時まで買
い物できますが、一部店
舗は22〜23時、フードコ
ートなどの飲食店は21〜
22時に閉店します。

DOOTA MALL
두타몰／ドゥタモル

[MAP]P.176 F-4 ☎02-33
98-3333（顧客サービスデス
ク／B2F）⌂中区獎忠壇路
275 ⊙10:30〜翌0:00 🔒
無休 ♀地下鉄1・4号線東大
門駅8番出口から徒歩3分
[東大門] ◎ doota_official

訪問するビルの定休日を事前に確認！

バッグが有名なN.P.H（南平和市場）や靴専門
のTEAM204は金・土曜、小売中心のHello
apMは火曜と、それぞれ定休日が異なりま
す。問屋ビルは深夜〜朝方がピークタイムで
小売対応をストップする店もあります。

深夜の交通手段に注意！

コロナ禍以降、深夜にタクシーを捕まえるの
がますます困難に。深夜バスも運行していま
すが、ホテルへ戻るためのルートは入念にチ
ェックしておきましょう。東大門エリアに宿
をとると歩いて帰れるので安心です。

☆ ☆ ☆ IT化が進む東大門。現地に行かなくてもオンラインで卸売の仕入れができるSinsang Market（◎sinsang_jp）というサービスも！

1階は洋服が充実!

靴下、バッグ、帽子などは2〜3階にあります ▲スクエアエナメルバッグW1万9800 ⑧ショルダーバッグW1万9800 ⑥モコモコデザインが人気。W1万9800 ⑩リボン付きのデザインソックスW5000 ⑥シースルーソックスW5500

Accessories

1〜3階の店内の全フロアにアクセサリーがずらり! ⑤リボン付きヘアピン各W4000 ⑥リボンとのミックス素材がかわいいフェイクパールネックレスW1万4500 ⑪ブレスレットW6000 ⑪ビーズネックレスW1万1500 ⑫⑥人気商品のハートチョーカー各W6000

ベーシックなアイテムも

帽子は2〜3階に!

Earrings

nyu・nyu
ニュ/ニュニュ

2万点を超えるアクセサリーが揃う
アクセサリーの卸売問屋ですが小売もウェルカム。階ごとにラインナップが異なり帽子、バッグ、服、靴なども販売。トレンドのアイテムが手に入ります。
[MAP]P.174 F-3 ☎02-2235-0921 🏠中区馬場路34 ⏰11:00〜翌5:00 🔓無休 🚇地下鉄2・6号線新堂洞駅10番出口から徒歩4分 [東大門] 📷 nyu_nyu_official

ピアスはセールアイテムだとW3000以下のものも! ⑥透明感ある大振りのピアスW5000 ⑩パステルカラーのピアスW6000 ⑪パープル&ゴールドカラーのピアスW7500 ⑩ハートのピアスW2500 ⑫フェイクパールのピアスW8000。キャッチ部分にシルバーのボールが付いた人気のデザイン

23:00

ホテルに戻る、その前に!

3次会は
コンビニで 편맥
ビョン メッ

コンビニの前に設置された飲食スペースで購入したビールを飲むビョンメッ(コンビニ×ビールの略)は、ソウルの夏の風物詩。サクッと気軽に乾杯!

\ コンビニリスト /
편의점 리스트

CU
씨유／シュ
店舗数No.1。お弁当類に力を入れ、有名人とコラボした商品も話題。

GS25
지에스25／ジエスイシボ
韓国資本の大手。店舗数2位。自社ブランドの商品が多いのが特徴。

SEVEN-ELEVEN
세븐일레븐／セブンイルレブン
日本でもおなじみのブランドで店舗数3位。韓国ではロッテ系列。

emart24
이마트24／イマトゥイシプサ
大型スーパー「emart」のコンビニブランドで2017年に誕生。店舗数4位。

おみやげにも!

日本同様に小分けのお菓子が多く、インスタント麺も1袋単位で販売していて買いやすい!

レンジで調理

お弁当などをレンジで温める際はセルフで。カップラーメン用の熱湯も用意されています。

充電もできちゃう!

店舗によっては、コンセントを開放しているところも。イートインカウンターにあります!

★★★★ 店内での飲酒はNG。屋外の飲食スペースはマナーを守って利用し、酔いすぎて危険な目にあわないよう注意を

편의점（コンビニ）の推しアイテムはコチラ

\ ラーメンのコラボ商品も /

プルダックパゲティ W1700。ヨルリョラチャムケラミョンW2000

\ ポケットサイズ /

プレミアム焼酎ウォンソジュのパウチ。ウォンソジュ TO GO W3200

\ 朝ごはん用に！/

ビョットW1800。付属のパフやシリアルをヨーグルトに入れて

\ 二日酔い予防の錠剤 /

右からコンディションファン、サンクェファン各W2900

ラーメンスナックも。三養ラーメンW9000、トッポッキ味W1200

GS限定の映画館ポップコーンW3200、激辛トッポッキ味のポテチW1700

\ 見た目もキュート /

ビングレのバナナ牛乳とイチゴ牛乳各W1700。Lightは甘さ控えめ

おつまみにいい干しダラスティック。購入時は2つでW5900

\ ノンアルビールもある！/

ビールは種類豊富で、3缶W1万など。一番左はノンアルビールW2000

\ 飲みやすいチューハイ系も /

アップルビール、アールグレイハイボール各W4500、レモンジンW2750

\ キンパや軽食も充実 /

全州ビビンバ味のキンパW2300、おでんのレトルトW3900

\ グミの種類が豊富 /

スモモ味グミW1500。ヨーグルトグミW7200はGS25限定

MIDNIGHT TIPS

ソウルの夜はまだまだ続きます！ナイトアウトに活用したいTIPSやスポットをご紹介。

コインノレバン
코인노래방

カラオケはワンコインでサクッとが主流に

2曲
W1000〜

コンパクトな部屋で都度支払いながら歌うコインカラオケ。無人店舗が多いなか、こちらは受付にスタッフがいるのも安心。

ROCK-Q Coin ル練習場 弘大本店
락휴코인노래연습장 홍대본점／ラッキュコインノレヨンスプチャン ホンデボンジョム
MAP P.179 C-4 ☎02-333-6670 🏠麻浦区オウルマダン路74 B1〜2F ⏰10:00〜翌2:00、火〜木曜〜翌4:00、金・土曜〜翌5:00 🈺無休 🚇地下鉄6号線上水駅1番出口から徒歩8分【弘大】 ※22時以降は19歳未満入店禁止

オンライン免税店
온라인 면세점

免税店ショッピングはオンラインで時短

免税ショッピングをオンラインですませると日中の時間をより有効に活用できます。キャンペーンやセールでお得になることも。詳細はロッテオンライン免税店や新羅インターネット免税店をチェック。

支払いはキオスクで

ラーメンコンビニ
라면편의점

24時間いつでもラーメンが作れる！

インスタント麺を24時間味わえる無人店舗。壁に並ぶ袋麺から好きなものを選んで容器に移し、モヤシやネギなどの無料トッピングをのせ、専用の機械で調理します。オモリキムチチゲラーメンW4300。

ラーメンコンビニ
라면편의점／ラミョンピョニジョム
MAP P.177 C-4 🈺なし 🏠鍾路区敦化門路11 ⏰24時間 🈺無休 🚇地下鉄1・3・5号線鍾路3街駅14番出口から徒歩1分【鍾路3街】

気をつけて！

☑ **地下鉄は乗車中でも容赦なく終電になる！**
地下鉄の終電は路線により異なり、23時半〜翌1時頃。終電は端まで走らず路線上の途中駅で止まることもあるので要注意。余裕を持った行動を。

☑ **深夜はタクシーのハードルが一気にUP**
深夜は現地の人でも距離によって乗車を断られることがしばしば。コロナ禍以降はアプリ（P.169）でもつかまえにくいので要注意です。

無人アイスクリームショップ
무인 아이스크림 가게

無人販売店でお得に深夜のメアイス！

カフェやカラオケなど多様な業態で無人化が進む韓国。近年はアイスクリームの無人店舗も増えています。商品によっては割引価格で販売されていてお得感もあり。お菓子やラーメンも売っていて、コンビニ感覚で利用できます。

オルペミバス
올빼미버스

ソウル市内を走る深夜バスは14路線

23時半〜翌5時頃に約30分間隔で運行するオルペミバス。ソウル市内の中心部を走るのは全14路線。N13、N16、N30、N62などは東大門エリアを通ります。深夜はタクシーに乗車拒否されることも多いので、宿の近くを通るバスがあるか事前に調べておくと安心です。

 George Seoul.

 망원시장

 루이스의 사물들

 OLDIES TACO

 M1CT

 WARMGREY TAIL

 고도식

 {호랑이}

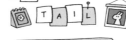

 石村湖公園

Go to Local Town

YOUR·MIND

BREADY POST

emis

당도

Cold Recipe

TONGUE

電車で、バスで、わざわざ会いに行きたい街と人。
聖水洞 延禧洞 望遠洞 乙支路
漢南洞 松理団キル

 Anthracite

 The Gelato House aga

 Well Haus

 GROVE

 Bonilla a la vista

 GINGERBEAR PIE SHOP

 LEEUM

 po set

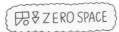 ZERO SPACE

 monami

 연희 별밥

 수요양과

서수동

聖水洞／ソンスドン

工業地帯が進化！ソウルのブルックリン

ソウルの東側に位置する聖水洞は、もともとは大小の工場が集まる工業地帯。靴の製造地としても知られ、職人の街でもありました。そこへ若いアーティストがアトリエを構えるようになり、近年は工場や倉庫をリノベーションしたおしゃれなカフェがぐんと増加。トレンドを発信するエリアとして注目を集めています。

インダストリアルで大規模なカフェが多いのも聖水の特徴の一つ

倉庫を改築したカフェやショップが並ぶ聖水の大通り

自動車工場をリノベーションしたCAFE ハラボジ工場（P.107）

ACCESS

最寄り駅は地下鉄2号線聖水駅で、ランドマークの「聖水洞大林倉庫ギャラリーコラム」（写真上）へは3番出口から徒歩4分ほどで到着。このあたりはカフェが多く、聖水洞カフェ通りといわれています。1つ隣のトゥクソム駅側にもおしゃれなショップやカフェが多いので、トゥクソム駅を利用して周辺を散策するのもおすすめです。

＼ ざっくりこんなエリアです ／

☑ **カフェもショップもインダストリアル**
工場や倉庫のヴィンテージ感をそのまま生かしてリノベーションした、カフェやショップがあちこちに！

☑ **靴やレザーの工場が並ぶ職人の街**
1970年代から靴産業で栄えた聖水洞。今も小さな靴工場が多く、職人が作った靴を購入できるショップも並びます。

☑ **ソウルの森側や建大入口側にもエリアが拡大！**
ソウルの森は住宅を改築した素敵な店があちこちに。建大入口側にはOIMU（P.91）が入る複合施設「LCDC聖水」など新ランドマークも！

13:00

ショップも併設！
インテリアが楽しい
アパレルブランドのカフェへ

Ⓐ TONGUE SEONGSU SPACE
텅 성수 스페이스／トン ソンス スペイス

人気アパレルブランドADERERRORが手が
け、1階にはギャラリーのようにコンセプチュ
アルなショールーム兼ショップも。
MAP P.182 D-3 ☎0507-1404-1119 🏠
城東区聖水2路82 2F ⏰10:00〜21:00
🔓無休 🚇地下鉄2号線聖水駅3番出口か
ら徒歩4分 📷 tongue_cafe

独創的でフォトジェニックなメニューを
味わって。右から、BLUE CARIBBEAN W
8000、EMOJI CAKE（抹茶）W1万2000

14:00

韓国を代表する
ステーショナリーブランドで
名前入りのペンをカスタマイズ！

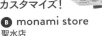

Ⓑ monami store
聖水店
모나미스토어 성수점／モナミストオ ソンスジョム

1963年に韓国初の国産ボールペン
の販売を開始。万年筆のインク作
りW2万5000、ボールペンDIY W50
00など。ボールペンW1万5000〜
に刻印W2000もできます。
MAP P.182 D-3 ☎02-466-5373 🏠城東
区峨嵯山路104 ⏰10:00〜21:00、第3月曜
12:00〜 🔓無休 🚇地下鉄2号線聖水駅4番
出口から徒歩1分 📷 monami_official

15:00

空間もかわいすぎる！
手作りジェラート専門店へ

Ⓒ aga gelato 聖水
아가젤라또 성수／
アガジェルラト ソンス

ジェラートは毎日お店で
手作り。ヨモギなど韓国
らしいフレイバーも豊富。
→P.87

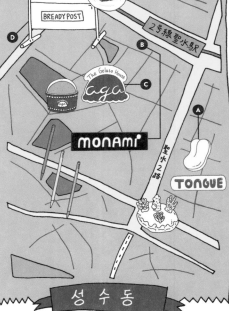

右から、バターペッ
パー、チョコレート
各W5500

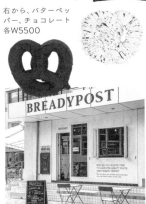

16:00

個性派メニューがずらり
プレッツェルが話題の
カフェへ

Ⓓ BREADYPOST 聖水
브레디포스트 성수／ブレディポストゥ ソンス

もちもちふわふわの生地と、
個性的な組み合わせに驚かさ
れるプレッツェル専門カフェ。
MAP P.183 C-2 ☎0507-1442-2058
🏠城東区上院1キル5 ⏰10:00〜20:
00 🔓無休 🚇地下鉄2号線トゥクソム駅
5番出口から徒歩3分
📷 breadypost_bakery

연희동

延禧洞／ヨニドン

弘大からバスに乗って
穴場エリアをプチ冒険

地下鉄駅からは離れていますが、ローカルが休日にちょっとお出かけする場所として人気なのが延禧洞。学者や政界関係者も暮らす古くからの高級住宅地で、センスのいいカフェやショップが点在しています。お店が密集しているわけではないので、歩いて探す楽しみも。喧騒を逃れたいとき、訪れてみて。

ACCESS

最寄り駅は空港鉄道・地下鉄2号線弘大入口駅で、3番出口から徒歩20分ほど。同じく人気のエリア、延南洞を通るので、あわせて訪れるのもおすすめです。またはバスかタクシーでお目当てのお店へ直行しても。Anthracite 延禧店（P.159）までは弘大入口駅停留所から7739、7734、7612などのバスに乗って約10分、延禧洞自治会館停留所下車、徒歩4分。

▷ ざっくりこんなエリアです ◁

☑ **生活感がほどよく漂うおしゃれ住宅街**
豪邸が並び、落ち着いた雰囲気の延禧洞。エリアの中心部には輸入食品を扱うスーパー「サロガショッピングセンター」があります。

☑ **選りすぐりのイイモノだけが集まります**
駅から遠くてもわざわざ訪れたい、こだわりを持つショップがあちこちに。ここでしか出会えないアイテムを手に入れて。

☑ **現地の人が推すグルメの名店も！**
中華料理店が多く、なかでもイ・ヨンボクシェフの店「木蘭」が有名。韓国式うどん、カルグクスの名店「延禧洞カルグクス」もあります。

ハスの葉ご飯定食
W1万5000。右下
の写真はピョルパ
ッ定食W1万3000

12:00
ランチは
ローカルに人気の
ヘルシーな定食を

B ヨニピョルパッ
연희별밥／ヨニピョルパッ
ご飯に野菜や山菜の自家製ナム
ル、キノコなどを混ぜたピョル
パッを中心に、家庭的で優しい
味の定食を提供する食堂です。

(MAP) P.178 D-1 ☎02-336-0866 🏠
西大門区延禧路15キル31 ⏰11:00
～14:30、17:00～19:30 🔒土曜
🚇空港鉄道・地下鉄2号線弘大入
口駅9番出口からバス＋徒歩15分
📷byeol_bap

13:00
個性的な本が並ぶ
小さな書店で
幸せ時間❤

C your-mind
유어마인드／ユオマインドゥ
アートブックやZINEを中心に、
小規模な出版社や個人が制作す
る独立出版物、グッズ、レコー
ドなどを取り扱います。
→P.75

10:30
小学校前のカフェで
の〜んびり

A Anthracite 延禧店
앤트러사이트 연희점／エントゥラサイトゥ ヨニジョム
光の入り方からイスの配置まで細かく
計算され、無機質な中に温かさが感じ
られる美しいカフェ。アメリカーノW55
00、マスカットライムエイドW7000。

(MAP) P.178 D-1 ☎02-332-7650 🏠西大門区延
禧路135 ⏰9:00～22:00(LO21:30) 🔓無休 📍
空港鉄道・地下鉄2号線弘大入口駅9番出口からバ
ス＋徒歩14分

14:00
ジェラートで休憩を

D Cold Recipe
콜드레시피／コールドゥレシピ
毎日お店で手作りするアイス
は合成着色料や安定剤を使わ
ず、優しくやわらかな口当たり。
フレーバーは日替わりです。

(MAP) P.178 D-1 ☎02-323-1550 🏠西
大門区延禧路11ラギル2 ⏰12:00～
21:00 🔒月曜 📍空港鉄道・地下鉄2号
線弘大入口駅9番出口からバス＋徒歩
15分 📷coldrecipe

ダブルW5500、イチゴソルベ＆ア
ールグレー。カップも選べます

おみやげにもぴったり！
14:30
ポストカード専門店へ

E POSET 延禧
포셋 연희／ポセッヨニ
object（P.85）が運営。店内に
は韓国のクリエイターによる
ポストカード約3200枚がず
らりと並びます。

(MAP) P.178 D-1 ☎0507-1329-7427
🏠西大門区繪加路18 3F 305号 ⏰12:
00～18:00 🔒月曜 📍空港鉄道・地下
鉄2号線弘大入口駅8番出口からバス
＋徒歩15分
📷poset.official

価格はW2000～5000程度。筆
記具も販売し、店内の1人用テーブ
ルで手紙を書くこともできます

繁華街・弘大の隣の
ほっこりタウン

いつも賑やかな弘大も楽しいけれど、より個性的なソウルを知りたいならお隣の望遠洞へ。小さなショップやカフェ、クリエイターのアトリエが点在し、路地を歩くたびに新たな出合いがあります。

住宅街なので、夕暮れになれば学校帰りの（そして塾へ行く）子どもたちの姿も。市場で日常を感じるのもおすすめです。

＼ ざっくりこんなエリアです ／

☑ **クリエイターのアトリエがちらほら**
お隣の弘大は、芸術学部が有名な弘益大学のお膝元。望遠洞を拠点に活動しているクリエイターも多いです。

☑ **メディアやSNSで話題の市場グルメに挑戦**
地元の人たちが日常的に利用する望遠市場。生鮮食品や日用品だけなくグルメも充実。韓国のテレビ番組でも取り上げられています。

☑ **のんびりするなら望遠漢江公園へ**
望遠漢江公園（MAP P.179 A-4）は望遠市場から徒歩15分ほど。川を眺めながらドリンクやコンビニのラーメンを味わうのも◎。

ACCESS

最寄り駅は地下鉄6号線の望遠駅。2番出口を出て、飲食店が並ぶ路地に入ります。350mほど真っすぐ進むと、右手に遠望市場の南側の入口が。さらに100mほど歩くと、通称“望遠団地通り（マンニダンギル）”といわれるカフェやおしゃれショップが並ぶストリートに到着。弘大エリアからは歩くと30分ほどかかるので地下鉄orタクシーで。

15:00
地元の愛され
アイスショップへ

B タンド
당도／タンド
手作りジェラート2種W5500。フレーバーの種類は毎日変わるので、Instagramのストーリーズをチェック。
MAP P.179 A-3 ☎070-8690-1088 🏠麻浦区圃隠路106 🕐12:00〜21:00 🔒無休 📍地下鉄6号線望遠駅2番出口から徒歩8分 📷 gelateria_dangdo

キュスタッカンジョンのから揚げCUP 各（小）W4000、餅パックW3000

14:00
ローカル市場で
B級グルメ食べ歩き

A 望遠市場
망원시장／マンウォンシジャン
地元の生活を垣間見られる在来市場。チキンや餅などのB級グルメも豊富です。
MAP P.179 B-4 🏠麻浦区圃隠路8キル14一帯 🕐10:00〜20:00（店により異なる）🔒無休 📍地下鉄6号線望遠駅2番出口から徒歩5分

16:00
クリエイターの
ショールームを
ホッピング

C ZERO SPACE 望遠
제로스페이스 망원／
ジェロスペイス マンウォン
韓国発デザインスタジオZero per zeroのオフラインショップ。
MAP P.179 A-4 ☎02-322-7561 🏠麻浦区喜雨亭路16キル 32 🕐13:00〜19:30、土曜12:00〜19:00、日曜12:00〜19:00 🔒無休 📍地下鉄6号線望遠駅2番出口から徒歩9分 📷 zeroperzero

Nソウルタワーのイラストをプリントしたエコバッグ W1万8700

D WARMGREY TAIL
웜그레이테일／ウォムグレイテイル
イラストレーターの夫＆デザイナーの妻が2015年に立ち上げたブランド。生活雑貨や靴下など幅広いアイテムがそろいます。
🏠麻浦区圃隠路94 グレイスビル 2F 🕐13:30〜19:30、土・日曜13:00〜19:00 🔒月曜 📍地下鉄6号線望遠駅2番出口から徒歩8分 ☎070-4024-3719 📷 warmgreytail

17:00
本格コーヒーでシメ！

E M1CT
엠원시티／エムワンシティ
追求するのは華やかさよりも日常になじむシンプルさ。ブラックを基調にしたミニマルな空間がカッコいい！コーヒー豆は店内で焙煎しています。
MAP P.179 A-4 ☎010-3448-3127 🏠麻浦区喜雨亭路15キル13 🕐10:00〜19:00(LO18:30)、土・日曜11:00〜20:00(LO19:30) 🔒月曜 📍地下鉄6号線望遠駅2番出口から徒歩13分 📷 m1ct.coffee

オリジナルのコーヒーシロップをアイスにかけたC.S.I W6500。ドリップコーヒーはW6000〜

을지로

乙支路／ウルチロ

新旧が入り混じる
ヒップでレトロな下町

明洞と東大門の中間に位置する乙支路は印刷、看板、照明などの専門業者が軒を連ねるノスタルジックな下町です。2016年頃から老朽化した建物が並ぶこの街に若者たちがカフェやバーを続々オープン。印刷所や雑居ビルの一角を改装した隠れ家的でユニークな店が集い、いつしか"ヒップな街"の代名詞になりました。

ACCESS

最寄り駅は地下鉄2・3号線乙支路3街駅と地下鉄2・5号線乙支路4街。乙支路3街駅と乙支路4街駅間は徒歩約8分。地下通路でもつながっているので雨の日などに便利です。このエリアの店は入り組んだ路地に位置することが多く、タクシーでアクセスすると、大通りで降車し徒歩で店まで行くように促されることもあります。

＼ ざっくりこんなエリアです ／

☑ **昔ながらの印刷工場街！隠れ家カフェがあちこちに**
大きな看板を掲げない店がほとんど。印刷物や製紙を積んだバイクが行き交う狭い路地や雑居ビルの上層階でひっそり営業しています。

☑ **1968年誕生の商店街がリニューアル**
韓国初の住商複合施設・世運商店街が2017年に改装を終え眺望スポットに。お隣のデリム商街にはホランイ（P.163）など人気店も。

☑ **再開発の影響で街並みが刻々と変化中**
近年は再開発の影響で長く愛されてきた老舗食堂が続々と移転・閉店に。数年後には味のある街並みも様変わりしてしまうかも…（涙）。

13:00 　デリム商街の人気店をハシゴ

B クウムヤングァ
구움양과／クウムヤングァ
手作りのカヌレやマドレーヌを販売する焼き菓子店。ディスプレイも素敵です。
MAP P.176 D-4 ☎0570-1420-0414
🏠中区乙支路157 デリム商街3F ラ列351号 ⏰12:00 ～18:30、土曜12:30 ～
🚫日・月曜 🚇地下鉄2・5号線乙支路4街駅1番出口から徒歩4分 📷london cakeshop

カヌレはミルクティーW2900、バニラW2800、済州島抹茶W2900ほか

A ホランイ
호랑이／ホランイ
実年のオーナーが営むコーヒー店。クリーミーなラテとフルーツサンドが絶品！
MAP P.176 D-4 ☎0507-1305-5880
🏠中区乙支路157 デリム商街3F ⏰11:00 ～19:30(LO19:00) 🚫日・月曜
🚇地下鉄2・5号線乙支路4街駅1番出口から徒歩4分 📷horangiicoffee
季節のフルーツサンドW8000。ホランイラテW5000は"寒くてもアイス"がこの店流

15:00
印刷所をリノベした
**ギャラリーのような
カフェへ**

C ルイスエサムルドゥル
루이스의사물들／ルイスエサムルドゥル
店名は"ルイスの事物たち"の意。ギャラリーや家具などを販売するショップの機能を備えた雑居ビル内の隠れ家カフェ。
MAP P.176 D-4 ☎02-2274-4854
🏠中区 清渓川路172-1 3F ⏰12:00 ～20:00 🚫月曜 🚇地下鉄2・5号線乙支路4街駅3番出口から徒歩2分
📷louis_collections

16:30
乙支路レトロと
いえばココ！
D George Seoul
죠지서울／ジョージソウル
レトロでどこか退廃的な空間で、ドリーミーなドリンクとファンシーでかわいすぎる手作りのデザートを。
MAP P.177 C-4 ☎010-6208-6326 🏠中区乙支路12キル6 3F ⏰12:00 ～22:00(LO21:30)
🚫月曜 🚇地下鉄2・3号線乙支路3街駅10番出口から徒歩2分 📷george_seoul

チーズケーキW7000。ドリンク注文時は好きなカップを選んでカウンターへ

ゼリーを浮かべたドリンクのピュロロン、メロンソーダ各W8500

17:00
行列必至のタコススタンドにトライ

E OLDIES TACO
올디스타코／オルディスタコ
異国情緒漂う店構えと韓国らしさをミックスしたメキシカンが大人気の行列店。
MAP P.177 C-5 ☎非公開 🏠中区忠武路4キル3 ⏰12:00 ～15:30(LO15:00)、17:00 ～21:00(LO20:30) 🚫月曜 🚇地下鉄2・3号線乙支路3街駅8番出口から徒歩1分 📷oldiestaco

韓牛のバラ肉にサルサとアボカドソースがマッチ！ Oldies Taco W4900ほか

한 남 도
漢南洞／ハンナムドン

15:30
芸能人も御用達！人気ブランドの
フラッグシップストアへ

バッグW8万2000、キャップW4万9000。聖水にも支店があります

D EMIS 漢南
フラッグシップストア

이미스 한남플래그십스토어／
イミス ハンナムプルレグシッストオ
キッチュでスポーティーなアイテムが大人気。漢南洞には1号店と旗艦店の2店舗を展開。
[MAP] P.180 F-4 ☎0507-1333-8871 🏠龍山区大使館路36 ⏰12:00〜19:30、金・土・日曜〜20:00 🔒無休 📍地下鉄6号線漢江鎮駅3番出口から徒歩13分 📷 emis_official
2017

13:00
美術館で
話題の展示をチェック

C Leeum 美術館

리움미술관／リウムミスルグァン
サムスングループが運営。建物は古美術館と現代美術館に分かれ、約1万5000点の美術品を展示。企画展も毎回話題になります。常設展入場料は無料。
[MAP] P.180 E-2 ☎02-2014-6900 🏠龍山区梨泰院路55キル60-16 ⏰10:00〜18:00 🔒月曜 📍地下鉄6号線漢江鎮駅1番出口から徒歩7分 📷 leeummuseumofart

12:00
ココがアジア初上陸店！
大人気チュロスカフェにオープンラン

B Bonilla churros 漢南店

보닐라츄러스 한남점／
ボニルラチュロス ハンナムジョム
本場スペイン発のチュロス専門店。オリジナルシュガー（5EA）W6000。チョコレートにディップして味わって。
[MAP] P.180 F-3 ☎02-790-7990 🏠龍山区梨泰院路54ガキル12 ⏰12:00〜20:00 🔒月曜 📍地下鉄6号線漢江鎮駅3番出口から徒歩5分 📷 bonilla.churros.korea

11:00
ヴィンテージミックスが
かわいい♡
話題のブランドでお買い物

ミニリュック、23U EDITH BAG W11万8000。狎鷗亭にも支店があります

A GROVE STORE 漢南店

그로브스토어 한남점／グロブ ハンナムジョム
60年代のヴィンテージルックをシンプルでクラシカルでカジュアルな独自のスタイルに落とし込み表現。ユニークさと使いやすさのバランスが絶妙！
[MAP] P.180 F-2 ☎02-792-0312 🏠龍山区漢南大路27キル66 2F ⏰11:00〜20:00 🔒無休 📍地下鉄6号線漢江鎮駅3番出口から徒歩4分 📷 grovestore

世界各国×韓国の
カルチャーがミックス

漢南洞には、海外の文化が融合したユニークなスポットが多数。ファッション関係のアトリエも多く、センスのいい人たちが集まるエリアです。

各国の大使館が集まる漢南洞には、海外の文化が

송리단길
松理団キル／ソンニダンキル

14:00
カフェ通りで話題の
2軒をハシゴ

Ⓐ GINGER BEAR PIE SHOP
진저베어／ジンジョベオ
店内で焼き上げる手作りパイが人気のカフェ。ブラックフォレストパイW9500、ピーナツラテW6000。
→ P.39

上から、クラシックミートパイW8500、ホウレンソウとゴートチーズのキッシュ W7000

Ⓑ Well haus
웰하우스／ウェルハウス
バターたっぷりでずっしりリッチな焼き菓子、バターバーの専門店。ファンチーズW5800、スコッチ各W6000ほか。
📍 P.172 F-4 ☎0507-1331-1816
🏠松坡区梧琴路16キル10 2F ⏰10:00～22:00(LO21:20) 🈚無休 🚇地下鉄9号線松坡ナル駅1番出口から徒歩5分
📷 wellhaus_official

飲食店が多く夜も賑わう松理団キル。韓国No.1の高さを誇るロッテワールドタワーが見えます

17:00
オープンと同時に
旨すぎ焼肉店にチェックイン！

Ⓓ コドシッ
→ P.115

16:00
並木が美しい湖のほとりを
ゆっくりお散歩

Ⓒ 石村湖公園
석촌호수공원／ソッチョンホスコンウォン
石村湖公園はロッテタワーの下に広がる人工湖。湖を囲う桜並木の遊歩道はデートスポットとしても人気です。
📍 P.172 F-4 🏠松坡区蚕室路180 🚇地下鉄9号線松坡ナル駅1番出口から徒歩7分

大きな湖の近くにカフェ通りを形成

石村湖公園やロッテワールドが近く、ファミリー層やカップルに人気のエリア。2018年末に松坡ナル駅が開通して以来カフェがどんどん増えてカフェ通りを形成しています。

HOTEL TIPS

高級系から伝統家屋まで宿のタイプもさまざま。拠点は行動範囲に合わせるとスムーズです。

おすすめの定宿
단골 호텔

東西南北に好アクセス！東大門や孔徳が便利です

地下鉄3路線が交差する東大門は東西南北どの方角にも移動しやすく、深夜までバスが往来していて便利。Mangrove東大門はカフェやシェアオフィス併設で使い勝手がよく、おしゃれな駅近！地下の本棚に並ぶ古い雑誌を眺めるのが好きでついつい長居してしまいます。孔徳は空港鉄道も通っていて空港へも好アクセス。地元で愛される名店も多くおすすめです。

Mangrove 東大門
맹그로브 동대문 ／ メングロブトンデムン
MAP P.176 F-5
☎010-5082-0903
🏠中区退渓路334
IN 15:00 OUT 11:00
🛏177 🚇地下鉄2・4・5号線東大門歴史文化公園駅4番出口から徒歩3分［東大門］📷 mangrove.city
URL https://mangrove.city

孔徳駅
徒歩2分

読書室には
昔の雑誌が

新羅ステイ麻浦
신라스테이 마포 ／ シルラステイ マッポ
MAP P.173 B-3 ☎02-6979-9000 🏠麻浦区麻浦大路83 IN 15:00 OUT 12:00 🛏382 🚇空港鉄道・地下鉄5・6号線・京義・中央線孔徳駅1番出口から徒歩2分［孔徳］URL https://www.shillastay.com/mapo/index.do

호캉스 ホカンス

立地も眺めも◎なホテルで旅を楽しみつつホカンスを

素敵な部屋でバケーション気分を満喫したいけれど、日中はしっかり観光も楽しみたい！そんな希望を満たしてくれるのがUH Suite。UHはUrban Hostの頭文字で、ソウル中心部の好立地に位置しながら、非日常が味わえる宿泊空間を展開しています。なかでもThe Seoul（ソウル駅店）はソウル路7017を望む景色が素敵でおすすめ！

UH Suite The Seoul
유에이치스위트 서울역점 ／ ユエイチスウィトゥ ソウルヨッチョム
MAP P.175 B-4 ☎0507-1339-0708 🏠中区万里峠路21 2～4、9.10F（フロント9F）IN 15:00 OUT 11:00 🛏9 🚇空港鉄道・地下鉄1・4号線・京義・中央線ソウル駅15番出口から徒歩6分［ソウル駅］📷 uh_suite URL https://uhsuite.co.kr/

お風呂で
リラックス

／ ほかのエリアにも！＼
UH Suite The Myeongdong
유에이치스위트 명동점 ／ ユエイチスウィトゥ ミョンドンジョム
MAP P.177 C-5 ☎0507-1469-0138 🏠中区明洞8ガキル47 IN 15:00 OUT 11:00 🛏31 🚇地下鉄4号線明洞駅10番出口から徒歩1分［明洞］

STAYFOLIO
스테이폴리오
美しい韓屋からペンションまで
最高の宿に出合える

韓国やアジア各地のステイ情報をキュレーションするSTAYFOLIO。ブティックホテルからペンション、韓屋のレンタルハウスまで、ユニークで美しい宿泊先を多数扱っており、サイトを眺めているだけで幸せな気持ちに！

STAYFOLIO
URL https://www.stayfolio.jp/
©김동규（Donggyu Kim）

ライフスタイルホテル
라이프스타일호텔
ステイが楽しくなる
スタイリッシュなプチホテル

おしゃれなのはもちろん、広いコンセプトルームから4人で泊まれるQUAD ROOMまで部屋のバリエが豊富！江南を中心に観光するときやコンサートで蚕室・オリンピック公園方面に行く予定があるときにもおすすめです。

Hotel Cappuccino
호텔 카푸치노／ホテル カプチーノ
MAP P.185 C-4 ☎02-2038-9500 🏠江南区奉恩寺路155 IN 15:00 OUT 11:00 🛏141 🚇地下鉄9号線彦州駅1番出口から徒歩3分［彦州］
URL hotelcappuccino.co.kr

スーツケース配送サービス
캐리어 배송 서비스
ホテル・空港まで荷物を
配送してくれるサービスも

> 地下鉄駅に窓口が

ソウル交通公社によるサービスで、仁川空港と主要地下鉄駅に設置された窓口間で手荷物の当日配送が可能に。荷物の保管にも対応しています。

T-Luggage Storage & Delivery
URL https://tluggage.co.kr/

韓屋ステイ
한옥스테이
伝統家屋ステイは静かに
夜を過ごしたい人向け

楽古斎
락고재／ラッコジェ
MAP P.177 B-1 ☎02-742-3410 🏠鍾路区桂洞キル49-23 IN 15:00 OUT 11:00 🛏6 🚇地下鉄3号線安国駅2番出口から徒歩7分［北村］
URL rkj.co.kr/ja

景福宮駅や安国駅周辺の伝統エリアには韓屋を改築したゲストハウスが集まります。周囲は閑静な住宅街なので門限や入浴時間が厳密なことも。事前にルールを確認しましょう。

気をつけて！

☑ 基本バスタブなしです
韓国は日本のように自宅で湯船に浸かる文化が主流ではありません。浴室はシャワーのみという場合もあるので気になる人は予約前にチェックを。

☑ 鍵のデポジット
カード式のルームキーが主流の韓国。チェックイン時にW1万程度のデポジットを取られることがありますが、チェックアウト時に戻ってきます。

☑ 部屋は禁煙オンリー
韓国のホテルでは、客室での喫煙はNG。別途用意された喫煙ルームや建物外のスペースを利用しましょう。

予約サイト
예약 사이트
予約サイトは入念に比較
1泊無料サービスも

ホテル予約でよく使うのは以下4つのサイト。各サイト独自のセールを行っていたり、扱う部屋のタイプが違ったりするので、必ず比較して予約するようにします。Hotels.comは10泊ためると1泊分の無料宿泊特典が受けられるので継続して使うとお得。期間限定のクーポンが発行されている場合もあるのでお見逃しなく！

KONEST
www.konest.com

Booking.com
www.booking.com

Hotels.com
jp.hotels.com

Expedia
www.expedia.co.jp

Airbnb
暮らすように旅できる民泊

韓屋やおしゃれな住宅、レジデンスなど、ホテルとは違った体験ができるのが魅力。キッチン付きや部屋数が多い物件は家族やグループでの旅行にも重宝します。

> 子連れ旅でも活躍

Q.  JAPAN ▶ SEOUL
韓国入国前に準備しておくことは？

A3. すぐ使えるeSIMが楽チン！

eSIM対応のスマホを使っているなら、韓国滞在中はeSIMを使って現地の通信会社の回線を利用するのが便利。KONEST（右下参照）などで事前に購入し、日本で登録すれば韓国到着後すぐに使えます。プリペイドSIMなら予約サイトで事前に予約して現地空港で受け取り、普段使っているSIMと入れ替えを（もとのSIMを無くさないよう注意！）。いずれも返却不要です。

A4. ライフラインを確認！

水道水は歯磨きや洗顔には問題ありませんが、飲用にはミネラルウォーターの購入がベター。トイレは水洗で、紙は備え付けのゴミ箱に捨てることが多いです。変換プラグは日本で事前に購入を。海外対応の製品なら変圧器は不要です。

電圧は220V、コンセントはピンが2本のSEまたはCタイプ

A1. 2024年までは入国申告書のみ

これまではK-ETAという電子旅行許可制度があり、渡航前に申請が必要でした。しかし2023年4月1日〜2024年12月31日まで一時的に、日本を含む22カ国・地域を対象にK-ETAが免除に。90日以内の旅行なら、入国時に入国申告書を記入して提出すればOKです。ただし入国・滞在条件は変動する可能性があるので、必ず事前に最新情報を確認しましょう。

A2. 便利なサイトをチェック！

KONEST
URL www.konest.com

韓国観光公社
URL japanese.visitkorea.or.kr

KONESTは最新情報、クーポン、ツアー、宿泊予約まで幅広く網羅していて便利。韓国観光公社のサイトは基本情報や最新イベントをチェックできます。

Q. AIRPORT ▶ SEOUL
金浦＆仁川空港から市内はどう移動する？

A. バス、列車、タクシーなどなど！予算とプランで使い分け

仁川空港から市内へ

• 空港鉄道A'REX（直通）
ソウル駅までの直通列車。第1ターミナルから約43分、第2からは約51分。

運賃 w9500
仁川空港駅〜ソウル駅

• 空港鉄道A'REX（一般）
第1からソウル駅まで約1時間。弘大入口駅までは約52分、W4050。

運賃 w4150
仁川空港駅（第1）〜ソウル駅
ICカード使用時

• バス
リムジンバスは種類が豊富。停留所の数が多く割安な一般、停留所が少なくゆったりシートの高級の2種あります。

	行き先	路線名・番号（※1）	乗り場（※1/※2）	料金	主な停留所
仁川空港発	明洞	6015（高級）	5B／28	W1万7000	孔徳駅、南大門市場（会賢駅）、イビス明洞ホテル、忠武路駅など
	明洞東大門	6001（高級）	5B／29	W1万7000	新龍山駅、ソウル駅、明洞駅、東大門歴史文化公園駅など
	弘大	6002（高級）	5B／30	W1万7000	弘大入口駅、フォーシーズンズホテル（光化門）、鍾路3街駅など
	江南	Kリムジン6703（高級）	3B／19	W1万8000	新論峴駅、三成駅（グランドインターコンチネンタル）など

金浦空港から市内へ

• 地下鉄
空港鉄道でソウル駅まで約22分。弘大入口駅までは14分、W1350。

運賃 w1450
金浦空港駅→ソウル駅
ICカード使用時
※2023年10月より地下鉄運賃が値上げ予定。こちらは値上げ前の運賃です。

• バス
明洞や江南に向かうリムジンバスは、2023年8月現在運休中。運賃の安い市内バスは運行していますが、時間がかかり、荷物置き場もないので別の交通手段を利用するのがいいでしょう。

• タクシー
渋滞がなければ明洞まで約50分。弘大までなら約30分で、料金はW2万程度です。

運賃 w2万8000
金浦空港〜明洞駅前
※NAVER Mapルート検索基準

Q. ABOUT TRANSPORTATION
ベストな滞在中の交通手段は？

A3. タクシーも活用しよう！

主にオレンジやシルバーの車体の一般タクシーと、黒塗りで高級な模範タクシーの2種あります。初乗りは一般W4800、W模範7000。支払いは現金、クレジットカード、T-moneyに対応。道で拾えますが、UberやKAKAO TAXIを利用するのがおすすめ。扉は手動なので自分で開閉しましょう。

料金システム

一般タクシーは22～23時、午前2～4時は20％、23～午前2時は40％割増。

	初乗り	追加料金
一般	W4800	W100／131mまたは30秒
模範	W7000	W200／151mまたは36秒

主なタクシーの種類

・一般タクシー
色はシルバー、オレンジなど。個人タクシーも多い。

・模範タクシー
車体は黒。料金は割高だがサービスが安定している。

・インターナショナルタクシー
外国語が可能。利用するには事前予約が必要。

・ジャンボタクシー
8人乗りのワゴン車。模範タクシーと同料金。

A4. 韓国語OKな人は路線バスも

路線バスは基本的に韓国語のみ対応なのでハードルは高いですが、地下鉄で行きづらいエリアも網羅し、慣れると便利。NAVER Mapなどのアプリを使えば停留所や目的地までの路線を検索できます。

乗車の手順

①前方から乗車
行き先と路線番号を確認し、バスの前方から乗車。

②T-moneyをタッチ
乗車口の機械（カードリーダー）にT-moneyをタッチ。

③ブザーで下車アピール
アナウンスが流れたらブザーを押し、ドア付近でスタンバイ。

④降りる前にもう一度タッチ
降車時もバス後方の機械にT-moneyをタッチ。

A1. まずは便利アプリを装備！

おすすめ交通系アプリ

・KONEST韓国地図
すべて日本語対応！地下鉄乗り換え検索ができ、店情報やクチコミとも連動しています。

・NAVER Map
韓国No.1ポータルサイトの地図アプリ。日本語にも対応しています。

・Uber
日本でダウンロードしクレジットカード登録まで済ませておけば、カード決済も可能。

・KAKAO TAXI
現在地と行き先を指定してタクシーを呼び出せます。事前にKakao Talkの登録が必要。

A2. T-moneyでスイスイ！地下鉄

地下鉄はソウルの主要交通手段で、色分けされた1～9号線＋αの路線があります。運賃の支払いは1回用交通券またはT-money（チャージ式ICカード）で。T-moneyは駅の販売機やコンビニで購入可能。割引運賃になりお得。WOWPASS（P.170）にもその機能がついています。

T-moneyのチャージ方法

①券売機を見つける
駅で行う場合は改札口付近にある機械で。街中のコンビニでもチャージが可能です。

②チャージを選択
機械は日本語にも対応しています。まずは「日本語」をタッチし「チャージ」を選択。

③カードを置く
カードを置く場所が光るので、T-moneyを置きましょう。画面に残高などが表示されます。

④お金を投入
チャージ金額を選び現金を投入。チャージが完了したらカードを取りましょう。

地下鉄でのマナー＆ルール

ソウルでは優先席やマタニティーシートは空いていても座らないのが一般的。優先席以外でもお年寄りには席を譲るのが当たり前なので、覚えておきましょう。

Q. ABOUT MONEY
お金にまつわるアレコレ、教えて！

A3. WOWPASSが便利！

旅行中のお金まわりを一括で管理したいなら、WOWPASSがおすすめ。外国人観光客専用のカード＆モバイルアプリサービスで、地下鉄駅やホテルに設置された専用機械で発行・チャージするとお店でクレジットカードのように使えます。日本円のままチャージでき、アプリで使用額を確認できるので、いくら使ったのかわかりやすい！　T-money（P.169）の機械で韓国ウォンをチャージすればT-moneyとしても使えます。
URL www.wowpass.io/?lang=ja_JP

A4. TAX REFUNDを忘れずに

TAX REFUNDとは外国人観光客を対象に税金をキャッシュバックする制度。対象店舗でW3万以上購入した場合に適用されます。TAX FREEのマークを見かけたら、会計時にパスポートの提示を。その場で戻って来る場合と、出国時に空港にある機械やカウンターで手続きが必要な場合があります。

A1. レートはW1万＝約1100円

韓国の通貨はW（ウォン）で硬貨はW10、W50、W100、W500、紙幣はW1000、W5000、W1万、W5万があります。キャッシュレス先進国なのでコンビニやタクシーの運賃もカード払いが一般的ですが、T-moneyのチャージや市場での支払いには現金が必要です。まれに海外発行のクレジットカードは機械がうまく作動しない店もあるので、困らない程度の現金は用意しておきましょう。

A2. 両替は街の両替所がお得！

両替は現地が100%お得。レートは良いところから、街中の公認両替所＞銀行＞空港＞ホテルの順。公認両替所は明洞にレートの良い店が集まっています。時間を優先するなら、空港で両替するかWOWPASS（左上）の機械で両替してしまうのがいいでしょう。

Q. IN CASE OF TROUBLE
トラブル発生！　どうしたらいい？

A2. 失くし物は各所へ連絡

紛失物や失くした場所により対処法や連絡先が異なります。タクシーはKAKAO TAXIの乗車履歴やレシート記載の電話番号から連絡が取れることも。地下鉄は市庁駅や忠武路駅、往十里駅などに遺失物センターがあります。韓国警察庁の遺失物総合案内サイト「Lost112」も参考にしてみてください。

・パスポート
警察で盗難・紛失証明書を発行してもらい、在韓日本大使館領事部で再発行の申請・手続きを。

・クレジットカード
カード発行会社に連絡し、利用停止の手続きを。必要に応じて警察に届け出て盗難・紛失証明書を発行しましょう。

・現金・貴重品
警察で盗難・紛失証明書の発行を。保険加入の場合は帰国後の手続きを通して補償を受けられることがあります。

A1. 緊急時の連絡先を控えておく

タサンコールセンターはソウル市運営の総合電話相談、観光通訳案内電話は24時間観光案内サービスを提供し日本語にも対応。

警察 112	タサンコールセンター 120
在韓日本大使館	02-2170-5200
観光通訳案内電話 1330	
遺失物総合案内サイト Lost 112	

URL www.lost112.go.kr

A2. 病気になったらまずはホテルに相談

海外旅行保険の加入の有無によって対処の流れが異なります。まずはホテルのフロントなどに相談しましょう。

・保険加入時
保険会社に連絡し病院の紹介を受けます。保険のタイプによってはキャッシュレスで治療が受けられることも。

・保険未加入時
ホテルのフロントなどに相談し近くの病院へ。国民健康保険加入者は帰国後に一定額の還付を受けられる場合も。

Q. ABOUT RESERVATION & DELIVERY
観光客でも予約はデリバリーはできるの？

TRAVEL

A2. 出前や予約代行サービスも

ホテルのコンシェルジュに頼んでみるか、観光客向けの予約代行サービスを利用するのも手。チキンなどの出前を代わりに頼んでくれるサービスもあります。

Creatrip
Ⓘ creatrip.jp
URL www.creatrip.com/ja

A1. 予約システムが主流！

人気飲食店は予約をしていないと入れないこともしばしば。予約はNAVER Mapと連動しているNAVER予約や、アプリのCATCH TABLEなどで受け付けています。CATCH TABLEの英語版は観光客も利用可能。予約できる店が韓国語版より少ないのが残念ですが、チェックしてみる価値ありです。また、店頭によく置かれているのがTABLINGの機械。これは順番待ちのためのもので、韓国の携帯電話番号を入力するとリストに登録され、SMSに届くメッセージから現在の順番を確認できます。観光客もSIMの韓国の携帯電話番号で登録可能です。

人気カフェの店頭に置かれた順番待ちための機械

Q. ABOUT LANGUAGE
旅行に便利な韓国語が知りたい！

A. 簡単なフレーズを覚えて使ってみよう

伝えるフレーズ

こんにちは
안녕하세요
アンニョンハセヨ

ありがとうございます
감사합니다
カムサハムニダ

はい
네
ネ

すみません、ごめんなさい
죄송합니다
チェソンハムニダ

大丈夫です
괜찮아요
クェンチャナヨ

いいえ
아니요
アニヨ

テイクアウトです
（包んでください）
포장해 주세요
ポジャンヘ ジュセヨ

いくらですか？
얼마예요？
オルマエヨ

これください
이거 주세요
イゴ ジュセヨ

アプリも便利！

PAPAGO
頼れる自動翻訳アプリ。音声で訳してくれたり、画像を翻訳することもできます。

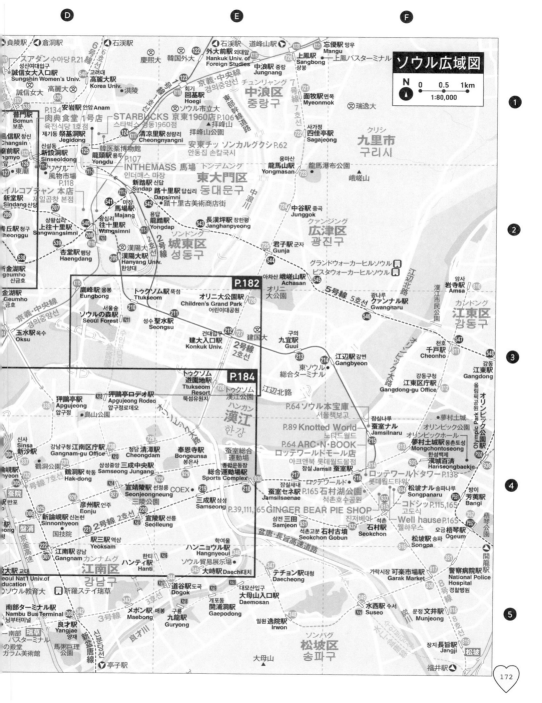

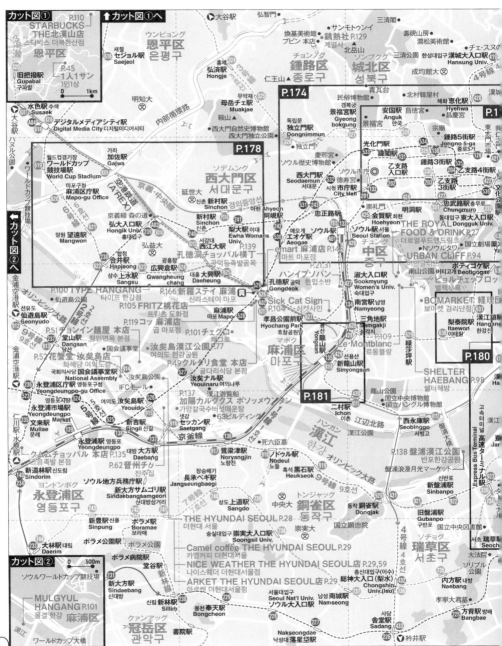

ソウル中心部

N 0 150 300m
1:24,000

● 青瓦台

神武門
0fr. Séoul 오에프알 서울 P.47

三清洞
삼청동
チャマシヌントゥル P.72
차마시는뜰

P.46 MAKEFOLIO
메이크폴리오

P.47,63 アンドク
안덕

シンギョドン
新橋洞
신교동

オギンドン
玉仁洞
옥인동

南道粉食 **通仁市場**
통인시장

P.46

培花女子大 ⊗
P.47 tea cafe NEST
P.99
STAFF PICKS P.48 土俗村
스태픽스 토속촌

P.84 One More Bag
원모어백

P.46 OUVERT SÉOUL
오버트서울

独立門駅 독립문
Dongnimmun
326

西大門
独立公園

大新中高校 **3号線**

ヒョプチキン 光化門店
효봉치킨 광화문점

P.129

P.62 体府洞チャンチチッ
체부동 잔치집

慶熙宮

ピョンドン ソウル歴史博物館
平洞
평동

ソデムング
西大門区
서대문구

江北三星病院 ✚

ソウル赤十字病院 ✚

国立現代美術館
徳寿宮館

西大門駅 **西大門**
Seodaemun
532

農業博物館

パビエン2
貞洞キル

パビエン1 ソウル市立美術館
P.19

COFFEE AND CIGARETTES
커피앤시가렛

京義・中央線
경의중앙선

西大門路

新村駅

忠正路駅
忠正路
Chungjeongno
531

2号線 2호선

新村駅

243

阿峴駅 아현
Ahyeon

242 新村路

孔德駅

真味食堂 P.53
진미식당

青瓦台
青瓦台サランチェ
P.40 民俗博物館
GROUNDSEESAW 西村
그라운드시소 서촌

P.68 慶会楼

GRANHAND. 西村
그란핸드 서촌
迎秋門

景福宮 P.34
경복궁

建春門

錦湖美術館

景福宮駅
327
Gyeong
bokgung
경복궁

国立古宮博物館
光化門
政府 ソウル庁舎
中央庁舎
内資洞キル ✕

世宗文化会館
533
光化門駅 광화문
Gwanghwamun

鍾路 종로

東和免税店
朝鮮日報美術館

韓国観光公社

セシル劇場

徳寿宮

市庁駅 市庁
City Hall 시청
132

三星本館

ラマダホテル&
スイーツ
ソウル南大門

崇礼門
(南大門)

サムデンムンロ
南大門路
남대문로

ソウル路 7017
서울로 7017

P.166 UH Suite The Seoul
유에이치스위트 서울역점

P.149 ロッテマート ソウル駅店
롯데마트 서울역점

ソウル駅都心空港ターミナル
ロッテアウトレット ソウル駅店

P.55 ボクスンドガ ソウル駅店
복순도가 서울역점

エオゲ駅 애오개
Aeogae
530

鍾路区庁

日本大使館

郵政局
郵便局前

仁寺洞
인사동
鍾路タワー
YMCA

鍾閣駅
Jonggak
종각
131

普信閣

清渓川

リアナ

貫鉄洞
관철동

ソウル市庁
ロッテ

乙支路入口駅
Euljiro 1-ga
을지로입구 을지로
202

ロッテ百貨店

ウェスティン

ロッテ百貨店

アヴェニュエル

货币博物館

新世界百貨店
本店(本館)
新世界百貨店
本店(新館)
南大門市場

会賢駅 회현
Hoehyeon
425

南大門市場 D棟 P.57
남대문시장 D동

mama子ども服 P.57
마마아동복

南山ヒルホテル

piknic P.41
피크닉

南大門カルグクス横丁 P.139
남대문칼국수골목

nook seoul

タブコル公園

ロイヤルホテル

イビス ソウル
アンバサダー明洞

明洞聖堂 ✚

M PLAZA 本粥 明洞店
본죽 명동점

明洞駅 명동역
Myeongdong
424

DAISO 明洞店
다이소 명동역점

南山ケーブルカー

崇義女子大

P.27
Komfortabel Namsan
콤포타블 남산

P.99 COMFORT
콤포트

P.138
N ソウルタワー
N서울타워

安国駅
Anguk
안국
328

雲峴宮

北村韓屋村 P.
북촌 한옥마을

国立現代美術館ソウル館

北村
文化センター

栗谷路

三清洞
삼청동

北村韓屋村 P.
북촌 한옥마을

西大門区
서대문구

龍山区
용산구

ソウル駅 서울
Seoul
Station
A01

空港鉄道
(A'REX)

龍山駅

三角地駅

ヨンサン

313

133

ソウル
スクエア
モール

南大門署

426

京釜線 경부선

1号線 1호선

N ソウルタワー
N서울타워 P.138

チョンノ
鍾路周辺

N   0   100   200m
1:12,000

倉洞駅 マロニエ公園 アルコ美術館
路山公園
ソウル医科大
梨花洞壁画村

ソウル大病院
弘化門

昌慶宮 P.34
창경궁

ジョンドン
八龍洞
龍興洞

CU
韓国放送通信大学

ソウル大付設女子中
ソウル大付設小

P.89 DONUT JUNGSU 昌信店
도넛정수 창신점

チョンノグ
鍾路区
종로구

KTビル

弘益大大学路アートセンター

P.91 THENCE
덴스

CU オラカイ大学路

正殿

昌慶宮路

大学路

CU テハンノ
大学路

忠信市場

CU

フンジョンドン
薫井洞
훈정동

アミガインソウル
ソウル孝梯小 P.137

ホテルアットホーム 恵化門

陳玉華ハルメ元祖タッカンマリ
진옥화할매원조닭한마리

東海ヘムルタン

興仁之門
公園

興仁之門
(東大門)

清涼里駅
(東大門)

128

マイクドン
仁翼洞
仁義洞
인의동

ソンドン
仁義洞
인의동

世運スクエア

鍾路5가
鍾路5街駅
Jongno 5-ga
鍾路 종로

東大門 **東大門駅**
Dongdaemun

10

421

東大門

1号線1호선 CU

129

P.116 プチョンユッケ
부촌육회
ユッケ通り

onion 広蔵市場 P.24
어니언 광장시장

コンヌンタッカンマリ

東大門総合市場
동대문종합시장

P.56

東大門

P.23 広蔵市場
광장시장

ソムンナンタッカンマリ

JWマリオット
東大門スクエアソウル

P.25 Public Garden
퍼블릭가든

365イルジャン P.24
365일장

元祖ウォンハルメ

明洞
タッカンマリ

南平和市場
(N.P.H)

maxtyle

イスエサムルドゥル
루이스의사물들

P.163

清渓川

フンジュジョン
은학정

P.49

P.57
芳山総合市場
방상종합시장

東大門タッカンマリ横丁
동대문닭한마리골목

平和市場

P.139

P.150 DOOTA MALL
두타몰

第一平和市場

チョンドン
井洞
정동

ホランイ P.163
호랑이

サンリムドン
山林洞
산림동

を支路4가
乙支路4街駅
Euljiro 4-ga

乙支路4가
을지로4가

P.163

P.25,55
ホソンセンジョン
호선생전

HOTEL SKY PARK KINGS TOWN 東大門
현대シティアウトレット

バンサンドン
芳山洞
방산동

ミリオレ東大門

Hello apM

東大門
歴史文化公園

ムヤングァ
구움양과

204

535

新韓

訓練院公園

2号線 2호선

国立中央医療院
グッドモーニングシティ

東大門
デザインプラザ

往十里駅

ホテル国都

ナインツリーホテル東大門

205

422

apM PLACE

五壮洞
오장동

ノボテルアンバサダーソウル東大門
ホテル&レジデンス
グァンヒドンイルガ

光熙洞1街 東大門歴史文化公園駅
광희동1가 동대문역사문화공원
Dongdaemun
History&Culture Park

相鉄ホテルズ
ザ・スプラジール

東横イン・
ソウル東大門2

チョンドンイルガ商店街

イニョンドンイガ

PJ 仁峴洞2街
인현동2가

マルネ네路

KB国民

五荘洞興南チッ

536

Mangrove 東大門
맹그로브 동대문

東横イン・ソウル東大門
光熙洞

P.166

徳寿宮

中区庁

現代レジデンス

4号線 4호선

退渓路 퇴계로

HOTEL THE DESIGNERS
東大門

忠武小

明洞駅

5号線 5호선

P.142
Jean Frigo
장프리고

青丘駅

CU

迎賓

176

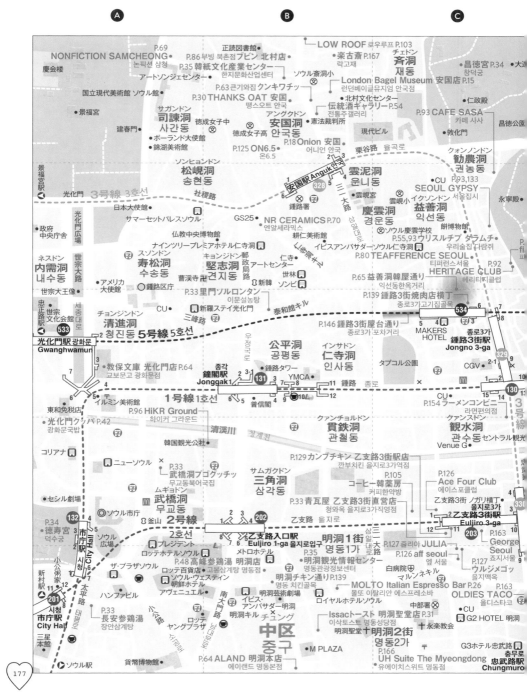

デジタル
メディア
シティ駅

デジタルメディアシティ駅 ●

● デジタルメディアシティ駅
ポッカジュアイルドン
北加佐1洞
북가좌1동

京義・中央線

空港鉄道（A'REX）
경의중앙선

GS25 ●

延南
児童公園

中岩中学校 ⊗

● バーガーキング

モレネ市場 ●

ヨヌン教会 ✝

ナンカジュアイルドン
南加佐1洞
남가좌1동

619 ワールドカップ競技場駅
World Cup Stadium
월드컵경기장

新北小学校 ⊗

ソンサンイドン
城山2洞
성산2동

K315 加佐駅
Gajwa 가좌

〒 GS25

クンドン公

〒

城沙中学校 ⊗

城山路

麻浦区保健所 ⊗

ソウル聖元小学校 ⊗

GS25 ● 〒

COFFEE NAP ROASTERS

ソンサンロ

○ 麻浦区庁

ソンサンドン
城山洞
성산동

中洞小学校 ⊗

延南洞

P.43 牛湯 牛湯
우탕

P.87 PIETRA.
피에트라

VER'S GARDEN

P.71 OJACRAFT
오자크래프트

平和公園

620 麻浦区庁駅
Mapo-gu Office 마포구청

城山路 ソンサンロ 弘大入口

ソンサンイルドン
城山1洞
성산1동

城西中学校 ⊗

城山近隣公園

景城高校 ⊗

弘益デザイン高校 ⊗

P.63 ボンジュールパッサン
봉쥬르밥상

京義線 森の道公園 ●

マンウォンイドン
望遠2洞
망원2동

ソウル城西小学校 ⊗

城山

6号線 6호선

弘益大附属女子高校 ⊗

⊗ 弘益大附属
女子中学校

GS25 ●

ワールドカップ北路

GS25 ●

ヨンナムドン
延南洞
연남동

望遠遊水池
体育
公園

ドゥリ児童公園 ●

弘益大附属小学校 ⊗

성미산로
趣味家 ●

KAKAO フレンズストア 弘大フラグシップストア

ソウル東橋小学校 ⊗

ソンミ山路 ソンミサンロ チャンダリ路

トンギョドン
東橋洞
동교동

Shoopen 弘大店 ●

マンウォンロ

ビョルチョンジソルロンタン ●

P.161 タンド ●

621 望遠駅 망원
Mangwon

L7 弘大 by LOTTE 🏨

望遠路

GS25 ●

望遠市場 P.161

P.131
Anthracite 西橋店
앤트러사이트 서교점

RYSE H

P.161 WARMGREY TAIL ●

GS25 ●

EGG DROP 弘大入口店

ZERO SPACE 望遠 ✕
제로스페이스 망원

マンウォンイルドン

ドミノピザ 東橋店 東橋路 동교로

教授コプチャン ●

P.154 ROCK-Q Coin
ノレ練習場 弘大本店
락휴코인노래연습장 홍대본점

Aver H

P.161 M1CT ●
엠원시티

望遠1洞
망원1동

農協 ●

P.43 屋同食
옥동식

P.102,110 申李道家
신이도가

P.160
望遠漢江公園
망원한강공원

P.136 ミョン・ヒョンマン カンジャンケジャン食べ放題 合井本店
명현만간장게장무한리필 합정본점

P.55,132 酒類社会 酒類社会
주류사회

秀人練習場
ラグジュアリー弘大店

ADERror

P.148 Home plus 合井店
홈플러스 합정점

P.82 Maison kitty bunny pony Seoul

GS25 ●

メセナポリスモール ●

2号線 2호선

ソギョンドン
西橋洞
서교동

P.108 Dosikhwa ●
도식화

ハプチョンドン
合井洞
합정동

楊花公園 ⊗

합정 238
合井駅
Hapjeong

楊花路

● 九孔炭コプチャン 本店
구공탄곱창 본점

上水駅
Sang

P.96 the SameE ●

GS25 ●

622

ソ식화

タンインドン
唐人洞
당인동

와우산로

P.55,122 MINARI
미나리

トンマッ路

독막로

P.74 THANKS BOOKS
땡스북스

2号線

チェビタパン

● Antracite 合井店

堂山駅

薬水駅

ハンナムドン
漢南洞

N   0   50   100m

1:8,800

1

南山公園

WOOLF SOCIAL CLUB ●

6号線

6号線

SEOUL LUDENCE P.143
서울루덴스

● 経理団キル

龍山国際学校 ⊗

2

● BLUE SQUARE

OLD FERRY DONUT
漢南店 P.89
올드페리도넛 한남점

● Pipeground

CU ●

テウォンジェイドン
梨泰院第2洞
이태원 제2동

グランドハイアットソウル

漢江鎮駅
Hanganjin
한강진

631

P.164
GROVE STORE 漢南店
그로브스토어 한남점

漢南小 ⊗

2

● Passion5

33apartment P.18
33아파트먼트

ヨンサン
龍山区
용산구

P.164 Leeum 美術館 ●
리움미술관

COMME des GARÇONS ●

GOLDEN PIECE P.110
골든피스

ブルガリア大使館 ●

ハンナムジェイドン
漢南第2洞
한남제2동

P.137 バダ食堂
바다식당

P.81 hince 漢南
힌스 한남

P.164
Bonilla churros 漢南店
보닐라츄러스 한남점

● LOW COFFEE

● one in a million

3

BEAKER 漢南店 ●

AUFGLET 漢南 P.108
아우프글렛 한남

P.81 AMUSE 漢南ショールーム
어뮤즈 한남 쇼룸

シゴルバブサン ●

● Monday Edition

HOMER PIZZA

IMPERIAL PALACE
ブティックホテル

● 第一企画

ハンナムドン
漢南洞
한남동

ハミルトン

HOLLYS COFFEE梨泰院店

● DOWNTOWNER 漢南店

1   2

梨泰院路

630 梨泰院駅 이태원
Itaewon

3

4

ADER ERROR ●

● CU

タンゴルチッ P.117
단골집

P.164 EMIS 漢南フラッグシップストア ●
이미스 한남 플래그십스토어

● ラオス大使館

大使館路
テサクァンロ

順天鄕大学病院

SITI SARAH ●

● GS25

● イスラム中央聖院

大使館路
대사관로
GS25 ●

普光洞路

Little India Seoul

普光小 ⊗

adel ●

● ANTIQUE STORY

PASSE

● zest

tiravento

アンティーク通り

ボグァンドン
普光洞
보광동

ハンナムジェイルドン
漢南第1洞
한남제1동

5

ウォンジェイルドン
梨泰院第1洞
이태원 제1동

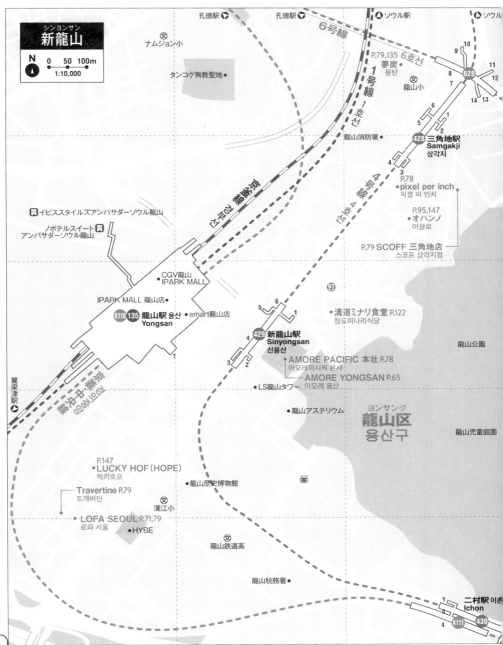

新龍山
シンヨンサン

N 0 50 100m
1:10,000

孔徳駅 ◐
孔徳駅 ◐
ソウル駅 ▲
◐ ソウル

⊗ ナムジョン小

6号線

P.79,135 6号線
夢炭
몽탄

タンコゲ殉教聖地 •

1号線

⊗ 龍山小

1号線

龍山消防署 •

10
9
8 ◯628
7
11
12
14 13

6
5
1

428 三角地駅
Samgakji
삼각지

3
4

P.78
• pixel per inch
픽셀 퍼 인치

イビススタイルズアンバサダーソウル龍山

ノボテルスイート
アンバサダーソウル龍山

P.95,147
• オハンノ
어항로

P.79 SCOFF 三角地店
스코프 삼각지점

CGV龍山 •
IPARK MALL •

⑦

• 清道ミナリ食堂 P.122
청도미나리식당

IPARK MALL 龍山店

龍山公園

K110 135 龍山駅 용산
Yongsan

• emart龍山店

5 6 1

429 新龍山駅
Sinyongsan
신용산

4
3 2
1

• AMORE PACIFIC 本社 P.78
아모레퍼시픽 본사
AMORE YONGSAN P.65
• LS龍山タワー 아모레 용산

龍山区
용산구

ヨンサング

鷺梁津駅 ◐

• 龍山アステリウム

龍山児童庭園

P.147
• LUCKY HOF (HOPE)
럭키호프

Travertine P.79
트래버틴

• 龍山歴史博物館

⊗ 漢江小

血

• LOFA SEOUL P.71;79
로파 서울
• HYBE

⊗ 龍山鉄道高

龍山税務署 •

1
二村駅 이촌
Ichon

4 K111 430

中浪川

• ネオンムーン

ソンス
聖水周辺

N   0   100   200m

1:15,000

• 聖水2街3洞住民センター

〒

• 聖水ショッピングセンター

— Scene

— ハル&ワンデイ

• 城東税務署

• グラウンドシーソー聖水

オリニ大公園駅
Children's Grand Park
어린이대공원

726

4

aga gelato 聖水 P.87,157
아가젤라또 성수

• 聖水チョッパル P.135
성수족발

□ H Avenue Hotel Kondae Seongsoo

• **KOKKILI BAGEL** 聖水 P.14
코끼리베이글 성수

• **monami store** 聖水店 P.157
성수모나미스토어 성수족발

1 — cafe onion

4 **211** 2

3

聖水駅 성수
Seongsu

• **AMORE** 聖水 P.81
아모레 성수

⊗
聖水小

군자역

• **Magpie&Tiger** 聖水ティールーム P.73
맥파이앤타이거 성수티룸

P.83
Samuelsmalls
사무엘스몰즈

• **クッタン** 聖水店 P.115
꿋당 성수점

P.129
• **バルンチキン** 建大ロボット店
바른치킨 건대 로봇점

• ヌンドンロ
噴水広場

ソムンナン聖水
カムジャタン

• — **TONGUE SEONGSU SPACE** P.157
텅 성수 스페이스

2号線 2호선

• マウスラビット

• カフェアルムア

• スービー

MELLOWER

• 聖水連邦

• 大林倉庫

• **OIMU** P.91
오이뮤

6 **212** 5

4

建大入口駅
Konkuk Univ.
건대입구

727

• 聖水ノル P.119
성수노루

COMMON GROUND •

CAFEハラボジ工場 P.94,107
카페 할아버지공장

• 今今 聖水店

• **TASTE AND TASTE**
聖水フラッグシップ P.58
테이스트앤드테이스트 성수플래그십

• ロッテ百貨店

ロッテシネマ

九宜駅

⊗
京水中

コンピョンドン
公平洞
공평동

• ザシャープスター
シティ

ソンストン
聖水洞
성수동

• **café basique** P.77
카페 베이지크

⊗
紫陽高

⊗
新陽小

トゥクソム官公船船着場 •

トゥクソム遊覧船船着場 •

永東大橋

トゥクソム遊園地駅
Ttukseom Resort
뚝섬유원지

1

728

3 2

清潭駅

• トゥクソム漢江公園 P.76
뚝섬한강공원

1

2

3

4

5

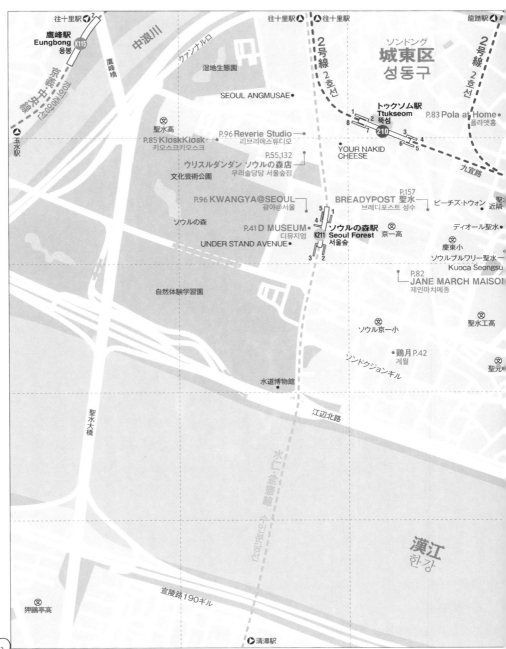

往十里駅 2

鷹峰駅
Eungbong
응봉 115

中浪川

カァンナルロ

湿地生態園

往十里駅 往十里駅

2号線 2호선

ソンドング
城東区
성동구

2号線 2호선

龍踏駅

SEOUL ANGMUSAE

トゥクソム駅
Ttukseom
뚝섬 210

1 2 3 4
8 7 6 5

P.83 Pola at Home
폴라앳홈

聖水高

P.85 KioskKiosk
키오스크키오스크

P.96 Reverie Studio
리브리에스튜디오

YOUR NAKID
CHEESE

玉水駅

P.55,132
ウリスルダンダン ソウルの森店
우리술당당 서울숲점

九宜路

文化芸術公園

聖
近隣

BREADYPOST 聖水
브레디포스트 성수

ビーチズ・トゥォン

P.96 KWANGYA@SEOUL
광야@서울

5 1
4

ソウルの森

P.41 D MUSEUM
디뮤지엄

ソウルの森駅
K211 Seoul Forest
서울숲

京一高

ディオール聖水

UNDER STAND AVENUE

3 2

慶東小

ソウルブルワリー聖水
Kuoca Seongsu

P.82
JANE MARCH MAISON
제인마치메종

自然体験学習園

ソウル京一小

聖水工高

鶏月 P.42
계월

聖元

ソンドクジョンギル

水道博物館

江辺北路

漢江
한강

聖水大橋

水仁・盆唐線 수인분당선

宣陵路190ギル

狎鷗亭高

清潭駅

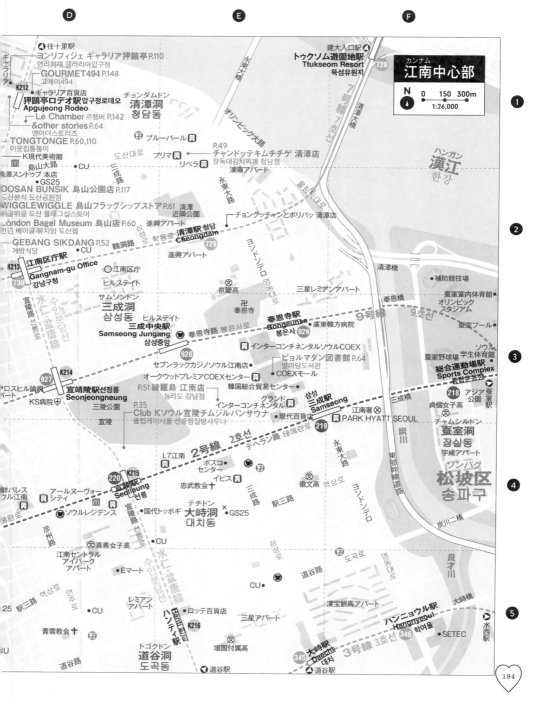

ヨンサング
龍山区
용산구

京義·中央線 義의중앙선

← 玉水駅
漢南駅 한남
Hannam

漢南大路
漢南大橋

←二村駅

ハンガン
漢江
한강

蚕院漢江公園

Hotel La Casa

STARBUCKS ソウルウェイブ
アートセンター店 P.110
スターバックス ソウルウェイブアートセンター店

漢南

ザ·リバーサイドホテル
Spa lei

オリンピック大路

韓信アパート

ヨンドンソルロンタン

チャムウォンドン
蚕院洞
잠원동

プロカンジャンケジャン

蚕院駅 잠원
Jamwon
338

ニューコアアウトレット

ニューコア·
アウトレット

鷺梁津
駅
高速ターミナル駅
Express Bus Terminal
고속터미널

新世界·
百貨店

GOTO MALL
ソウル高速バスターミナル

JWマリオット

923 339

734

砂平大路

盤浦大路

美都
アパート

盤浦
大路

ソチョグ
瑞草区
서초구

国立中央
図書館

ソリコル公園

瑞草署

モンマルト
公園

梨水駅

総神大入口

地方法院

地方検察庁

三豊アパート

Seoul Nat'l Univ.
of Education
教大駅 교대
340 223

ソチョドン
瑞草洞
서초동

舍堂駅

← 玉水駅

現代アパート
狎鴎亭路 P.38 Minute Papillon
漢陽アパート
ミニュト·빠삐용

P.137 신미식당 シンミ食堂 狎鴎亭路
P.21 ボスルボスル 狎鴎亭本店
보슬보슬 압구정본점
狎鴎亭路
P.21 Lee's キンパ 狎鴎亭本店
리김밥 압구정본점
P.136 ベッコドン
벳고동

現代百貨店

ON RIVER STATION

新現代アパート

P.51 狎鴎亭麺屋
압구정면옥

現代高

P.33 清潭ミヨッ 狎鴎亭店
청담미옥 압구정점

ボド食堂

336

狎鴎亭駅 압구정
Apgujeong

P.61
HOJOKBAN 好族飯
호족반

アックジョンドン
狎鴎洞
압구정동

彦
州
路

島山公園

ミソン
アパート

JK美容整形外科

ハモ P.116
하모

P.34 SULWHASOO DOSAN FLAGSHIP STORE
설화수 도산 플래그십 스토어

カガロスキル
カロスキル

新沙洞
신사동

シンサドン

EATH Library
이스라이브러리

ZENZERO 島山
젠제로 도산
P.61,86

P.33

三百家 カロスキル直営店
삼백집 가로수길직영점

P.61 GENTLE MONSTER HAUS DOSAN
젠틀몬스터 하우스 도산

P.69 TAMBURINS HAUS DOSAN
템버린즈 하우스 도산

P.109 NUDAKE HAUS DOSAN
누데이크 하우스 도산

論峴路

VOCO
ソウル江南

3号線

D04 337

Sinsa 신사
新沙洞
シンサドン

ソンタンプデチゲ

P.95 真味平壌冷麺
진미평양냉면

元祖馬山ハルメアグチム 鶴洞公園ケ

새현현역
鶴洞駅 학동
Hak-dong

731

インペリアル
パレス

パラ
アパ

新沙洞カンジャンケジャン通り

論峴新東亜アパート

学洞路

Dr.チョン韓方クリニック

カンナムグ
江南区
강남구

論峴市場

論峴駅 논현
Nonhyeon

鶴洞路

ヒルトップ
エリエナ

7号線 7호선

D05 732

P.167 Hotel Cappuccino
호텔 카푸치노
ノニョンドン
論峴洞
논현동

ケッポレチンジュ
本店

GLAD LIVE江南

926

彦州駅 언주역
Eonju

新盤浦路

盤浦駅 반포
Banpo

733

蚕院

盤浦XIアパート

ベスト·ウェスタン

春恩寺路

三井

チャ病院

ノボテルアンバサダー江南

9号線

9호선

924

砂平駅 사평
Sapyeong

パンポドン
盤浦洞
반포동

盤浦高

新論峴駅
Sinnonhyeon

신논현

925

D06

CU

muwol 新村ファンソコプチャン
江南直営店 P.119
신촌황소곱창 강남직영점

国技院

忠峴教会

CU

GSタワ

京釜高速道路

江南大路

CHICOR 江南駅店

P.144 OLIVE YOUNG 江南タウン
올리브영 강남 타운

P.65 MUJI 江南店
무지 강남점

P.65 江南駅地下ショッピングセンター
강남역지하쇼핑센터

進興アパート

新盆唐線

科学技術会館
바이·마리오·
ソウル江南

ARTMONSTER
江南駅店

駅三公園

AC ホテル·

GLAD LIVE江南

駅三駅 역삼
Yeoksam
221

江南ファイナンス
センター

テヘラン路 2号線

2호선

222

m

新論峴駅

강남 江南駅
Gangnam

D07

肉典食堂4号店

江南駅地下ショッピングセンター

ロッテ七星

永東中央教

瑞草大路

瑞草コープ
レジデンス

EGG DROP 江南店
에그드롭 강남점

P.94

ヨクサムドン
駅三洞
역삼동

良才駅

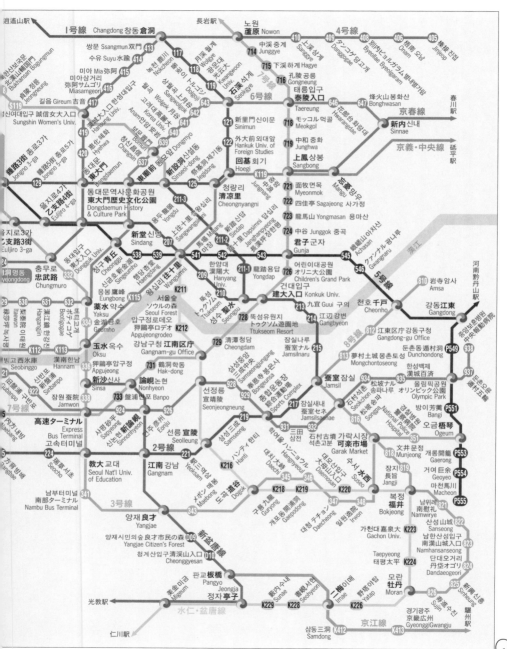

ソウル地下鉄路線図

撮影	日高奈々子　ミヤジシンゴ
イラスト	Redfish（カバー帯、P6-7、P.155-165、P.168-171、189）
マップ	s-map
表紙・本文デザイン	iroiroinc.　佐藤ジョウタ、大熊ヒロミ
コーディネート	LEE SHIHO
写真協力	HIKARU　KIM JWASANG
	関係諸施設　Shutterstock
企画・編集	白方美樹（朝日新聞出版 生活・文化編集部）

ソウル ガイド 24じかん
24H Seoul guide

2023年9月30日　第1刷発行

著　者	omo!
発行者	片桐圭子
発行所	朝日新聞出版
	〒104-8011　東京都中央区築地5−3−2
	（お問い合わせ）
	infojitsuyo@asahi.com
印刷所	大日本印刷株式会社

ｏｍｏ！（オモ）

後藤涼子、土田理奈からなる編集・ライティングユニット。韓国・台湾の旅行情報、K-POP、語学などを中心とした書籍・雑誌・コンテンツ制作に携わる。「omo!」は「あら、まぁ」を意味する韓国語の感嘆詞「어머!（オモ）」に由来。いつも驚きがある楽しいことがしたい、というのは後づけで、響きがかわいいから、が本当の理由。主な著書・制作物に『Taiwan guide 24H』『おうち韓国』（ともに朝日新聞出版）などがある。

定価はカバーに表示してあります。
落丁・乱丁の場合は弊社業務部（電話03−5540−7800）へご連絡ください。送料弊社負担にてお取り替えいたします。